Herzog Anton Ulrich-Museum Braunschweig

Günther Hein/ Melanie Krilleke/ Kirsten Schönfelder

Löwenstarke Geschichten

Heinrich der Löwe und seine Zeit

Das Ausstellungsbuch für junge Leute ab 10 Jahren

Die Deutsche Bibliothek - CIP-Einheitsaufnahme

Löwenstarke Geschichten : Heinrich der Löwe und seine Zeit ;
das Ausstellungsbuch für junge Leute ab 10 Jahren / [Herzog-
Anton-Ulrich-Museum]. Günther Hein/Melanie
Krilleke/Kirsten Schönfelder. [Hrsg.: Jochen Luckhardt/Franz
Niehoff]. - Braunschweig : Herzog-Anton-Ulrich-Museum,
1995
    ISBN 3-922279-33-3
NE: Hein, Günther; Krilleke, Melanie; Schönfelder, Kirsten;
    Luckhardt, Jochen [Hrsg.]; Herzog-Anton-Ulrich-Museum
    <Braunschweig>

© 1995 Herzog Anton Ulrich-Museum, Braunschweig

Herausgegeben von Jochen Luckhardt, Franz Niehoff, Herzog
Anton Ulrich-Museum Braunschweig: Löwenstarke Geschichten, Heinrich der Löwe und seine Zeit

Autoren und Redaktion: Günther Hein/ Melanie Krilleke/
Kirsten Schönfelder, Hildesheim

Lektorat: Beate Braun-Niehr

Bildredaktion: Gian Casper Bott

Grafische Gestaltung und Layout: Jan und Kirsten Schönfelder,
Hildesheim

Umschlaggestaltung: wir kommunikative Werbung GmbH,
Braunschweig
Druckbetreuung: Bernd-Peter Keiser, Braunschweig
Herstellung: Druckerei Limbach, Braunschweig

Inhalt

Guten Tag!

Herzlich willkommen allen Leserinnen und Lesern von "Löwenstarken Geschichten".

Dieses Buch will mit Heinrich dem Löwen eine besonders interessante Persönlichkeit des Mittelalters in den Blickpunkt rücken. Seine Person und die Zeit, in der er gelebt hat, sollen in den folgenden Kapiteln genauer unter die Lupe genommen werden.

In diesem Jahr, 1995, wird anläßlich seines 800. Todestages auf besonders vielfältige Weise an Heinrich den Löwen erinnert. Aber eigentlich begegnen uns auch sonst im Alltag die Spuren des Löwen überall in der Stadt. Bauten und Denkmäler, die er errichten ließ, haben das Stadtbild geprägt. Durch die Jahrhunderte hat die Person Heinrichs des Löwen die Menschen immer wieder stark beschäftigt.

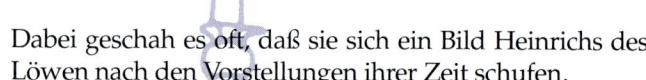

Dabei geschah es oft, daß sie sich ein Bild Heinrichs des Löwen nach den Vorstellungen ihrer Zeit schufen.

Aber nicht nur Heinrich der Löwe ist heute noch gegenwärtig, auch die Zeit, in der er lebte, hat Einfluß auf die Welt, in der wir heute leben. Die Menschen im Mittelalter waren unsere Vorfahren und sind Teil unserer Geschichte.

Für die große Sonderausstellung "Heinrich der Löwe und seine Zeit" wurden aus der ganzen Welt Kunstschätze, Gebrauchsgegenstände und Zeugnisse ausgeliehen, die die Jahrhunderte überdauert haben. Sie zu betrachten und zu erforschen, das ist fast wie eine Zeitreise in die vergangenen Jahrhunderte. Daß Ihr dabei viel Neues erfahrt, wünschen Euch die drei Autoren

1, 2 Das Grabmal Heinrichs des Löwen und der Siebenarmige Leuchter erinnern noch heute im "Braunschweiger Dom" an den Herzog.

Und so funktioniert es:

Wo ist was? Hier sind die Ausstellungsstücke dieses Kapitels mit ihren Nummern aufgeführt. So kann man sie in der Ausstellung finden!

Man muß das Buch nicht unbedingt von vorne nach hinten lesen.

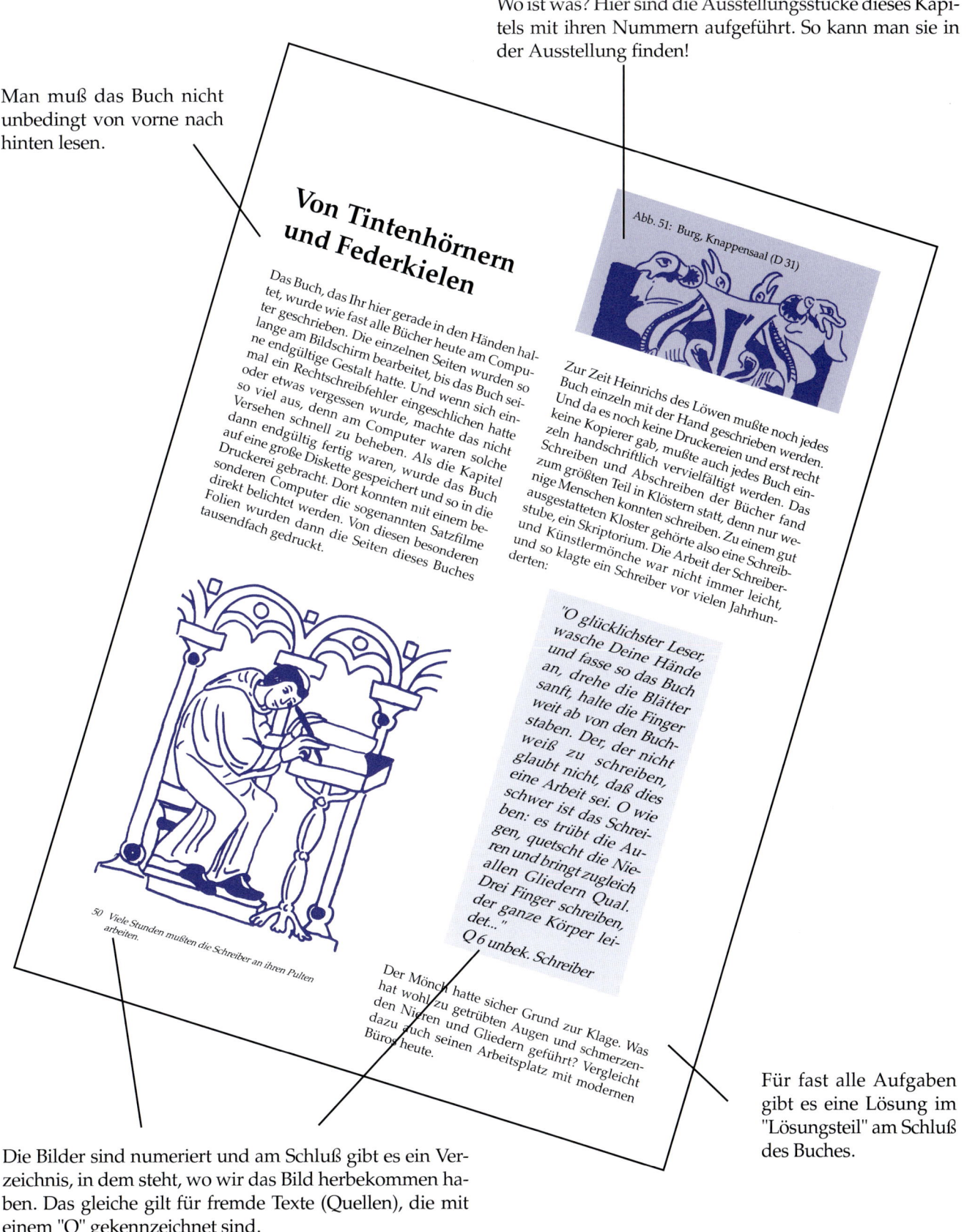

Von Tintenhörnern und Federkielen

Das Buch, das Ihr hier gerade in den Händen haltet, wurde wie fast alle Bücher heute am Computer geschrieben. Die einzelnen Seiten wurden so lange am Bildschirm bearbeitet, bis das Buch seine endgültige Gestalt hatte. Und wenn sich einmal ein Rechtschreibfehler eingeschlichen hatte oder etwas vergessen wurde, machte das nicht so viel aus, denn am Computer waren solche Versehen schnell zu beheben. Als die Kapitel dann endgültig fertig waren, wurde das Buch auf eine große Diskette gespeichert und so in die Druckerei gebracht. Dort konnten mit einem besonderen Computer die sogenannten Satzfilme direkt belichtet werden. Von diesen besonderen Folien wurden dann die Seiten dieses Buches tausendfach gedruckt.

Abb. 51: Burg, Knappensaal (D 31)

Zur Zeit Heinrichs des Löwen mußte noch jedes Buch einzeln mit der Hand geschrieben werden. Und da es noch keine Druckereien und erst recht keine Kopierer gab, mußte auch jedes Buch einzeln handschriftlich vervielfältigt werden. Das Schreiben und Abschreiben der Bücher fand zum größten Teil in Klöstern statt, denn nur wenige Menschen konnten schreiben. Zu einem gut ausgestatteten Kloster gehörte also eine Schreibstube, ein Skriptorium. Die Arbeit der Schreiber und Künstlermönche war nicht immer leicht, und so klagte ein Schreiber vor vielen Jahrhunderten:

"O glücklichster Leser, wasche Deine Hände und fasse so das Buch an, drehe die Blätter sanft, halte die Finger weit ab von den Buchstaben. Der, der nicht weiß zu schreiben, glaubt nicht, daß dies eine Arbeit sei. O wie schwer ist das Schreiben: es trübt die Augen, quetscht die Nieren und bringt zugleich allen Gliedern Qual. Drei Finger schreiben, der ganze Körper leidet..."

Q 6 unbek. Schreiber

50 Viele Stunden mußten die Schreiber an ihren Pulten arbeiten.

Der Mönch hatte sicher Grund zur Klage. Was hat wohl zu getrübten Augen und schmerzenden Nieren und Gliedern geführt? Vergleich dazu auch seinen Arbeitsplatz mit modernen Büros heute.

Die Bilder sind numeriert und am Schluß gibt es ein Verzeichnis, in dem steht, wo wir das Bild herbekommen haben. Das gleiche gilt für fremde Texte (Quellen), die mit einem "Q" gekennzeichnet sind.

Für fast alle Aufgaben gibt es eine Lösung im "Lösungsteil" am Schluß des Buches.

Ein mittelalterliches Weltbild

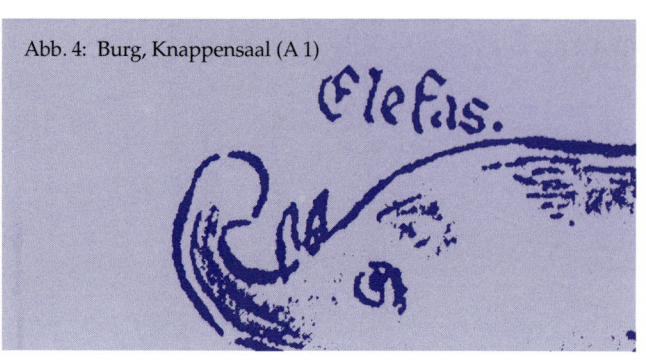

Die Ebstorfer Weltkarte

Wo wohnen eigentlich die Menschenfresser?
An welchem Ort befindet sich das Paradies?
Welche Stadt liegt genau im Mittelpunkt der Welt?

Wenn Ihr versucht, mit Hilfe einer Weltkarte aus Eurem Schulatlas diese Fragen zu beantworten, dürftet Ihr Probleme bekommen. Für die Menschen, die zur Zeit Heinrichs des Löwen und seiner Kinder und Enkel lebten, gab es allerdings Antworten auf diese Fragen.

In ihrem "Weltbild", also dem Bild, das sie sich von der Welt machten, und wie es zum Beispiel die große Weltkarte aus dem Kloster Ebstorf zeigt, kamen unter anderem das Paradies, Menschenfresser und viele sagenhafte Gestalten vor.

Die Ebstorfer Weltkarte

Die Ebstorfer Weltkarte wurde mit ziemlicher Sicherheit im oder für das Kloster Ebstorf (zwischen Lüneburg und Uelzen gelegen) gezeichnet. Die Karte hat eine Größe von 3,58 x 3,56 Metern. Sie besteht aus 30 Pergamentblättern, die von Schafshäuten gewonnen wurden. Wer die Ebstorfer Weltkarte entworfen und ausgeführt hat, und wer sie in Auftrag gegeben hat, ist nicht überliefert.

Die Originalkarte wurde 1830 von einer Stiftsdame in einer Art Rumpelkammer im Kloster Ebstorf gefunden. Sie wurde bald zur Untersuchung und zur Sicherung in ein Archiv nach Hannover gebracht. Dort wurde sie verschiedene Male reproduziert, d. h. sehr genau nachgebildet. Da die Originalkarte während des Krieges infolge eines Bombenangriffes auf Hannover verbrannte, war man froh, die Reproduktionen hergestellt zu haben.

Kein T-Shirt, sondern eine T-Karte

Schaut Euch die Karte einmal insgesamt an! Sie zeigt die ganze den Europäern damals bekannte Welt. Allerdings weist sie zwei größere weiße Flecken auf. Es handelt sich dabei nicht etwa um "Niemandsländer" oder unerforschte Gebiete, sondern an diesen Stellen sind Teile der originalen Karte verlorengegangen.

Könnt Ihr denn herausfinden, in welchen Erdteilen sich diese weißen Flecken befinden? Vielleicht hilft es Euch, diese Frage zu beantworten, wenn Ihr die Meere, die die Kontinente trennen, heraussucht und in einem Schema aufmalt.Vergleicht dazu auch den Ausschnitt aus einer Buchmalerei, die etwa zur gleichen Zeit wie die Ebstorfer Weltkarte entstanden ist, und auf der ein Kaiser die Weltscheibe in einer Hand hält.

3   Ein Kaiser hält die Welt in seiner Hand.

4 Die Ebstorfer Weltkarte, die vermutlich aus dem Jahre 1235 stammt.

Auf der Scheibe ist ein großes T zu erkennen, das die Welt in drei Kontinente aufteilt. Die Namen der Kontinente sind rund um das T gut zu erkennen. Es sind jedoch nur drei, nicht fünf, wie Ihr vielleicht erwartet habt. Amerika und Australien fehlen auf dieser Karte noch, denn sie waren ja von den Europäern noch nicht "entdeckt".

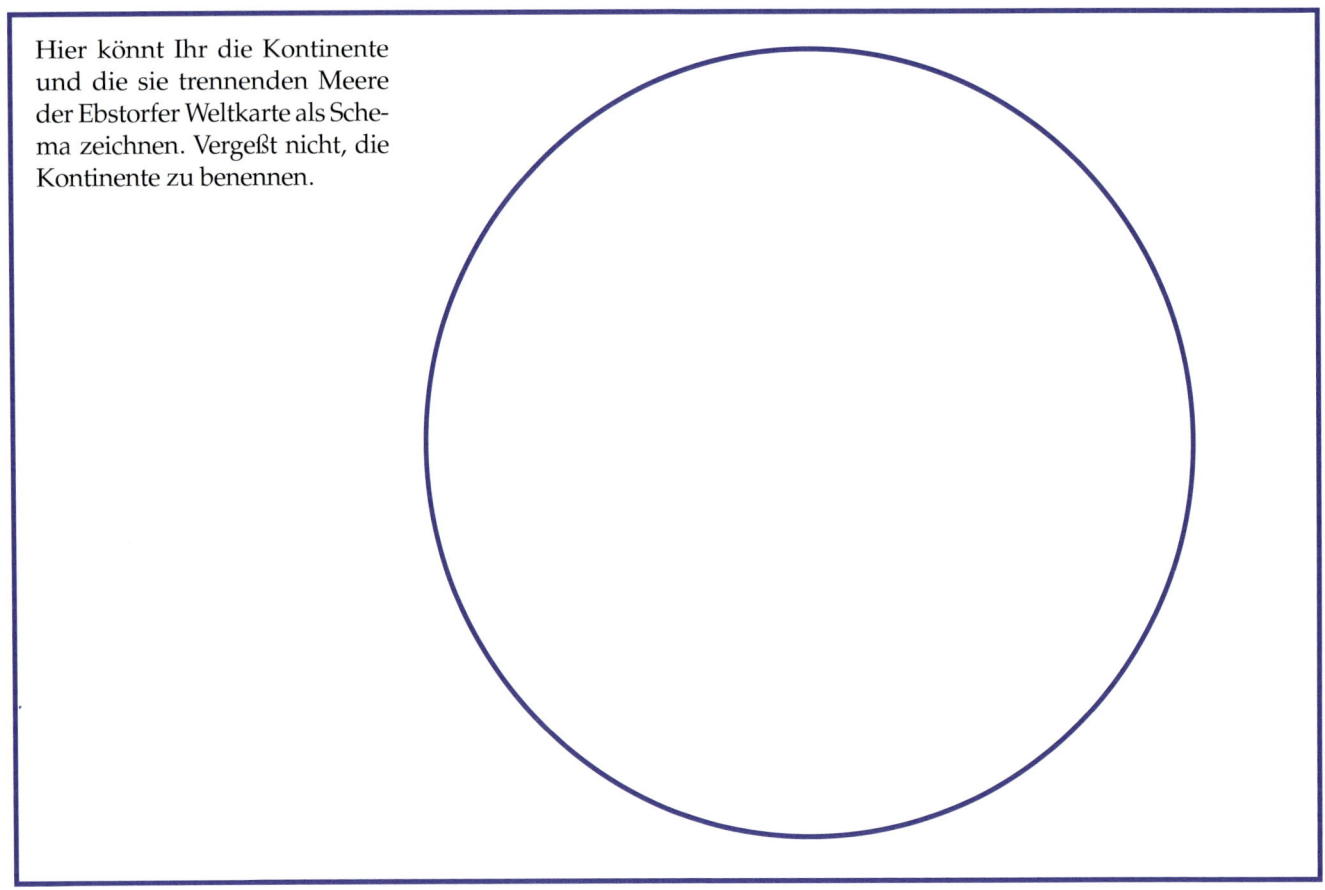

Hier könnt Ihr die Kontinente und die sie trennenden Meere der Ebstorfer Weltkarte als Schema zeichnen. Vergeßt nicht, die Kontinente zu benennen.

Die Stadt im Mittelpunkt

Da die meisten Menschen jener Zeit sich die Erde als eine Scheibe vorstellten, gab es auch einen Mittelpunkt, den man - zumindest auf der Karte - sehen konnte. (Den Mittelpunkt der Erdkugel, die mehrere tausend Kilometer im Durchmesser aufweist, hat natürlich noch kein Mensch gesehen!)

In diesem Mittelpunkt findet Ihr auf der Ebstorfer Weltkarte eine Stadt, die durch Mauern und Türme als solche gekennzeichnet ist. Um welche Stadt könnte es sich dabei handeln?

Wenn Ihr Euch etwas mit biblischen Geschichten auskennt, die den Menschen damals sehr vertraut waren, dürftet Ihr innerhalb der Stadtmauern den auferstandenen Christus mit einer Siegesfahne in der Hand erkennen. Damit ist klar, daß es sich bei der Stadt um Jerusalem handelt. Gerade durch die Geschichten von der Kreuzigung und der Auferstehung Jesu, die sich bei Jerusalem ereignet haben sollen, ist diese Stadt der wichtigste Ort für die Christen. Aber auch für die Juden, deren Tempel in Jerusalem stand, und für die Mohammedaner war und ist Jerusalem eine "heilige" Stadt.

Auf manchen mittelalterlichen Karten befindet sich allerdings auch Rom im Mittelpunkt der Welt. Rom war schon damals die Stadt, in der der Papst als Oberhaupt der katholischen Christen seinen Sitz hatte. Auch auf der Ebstorfer Weltkarte ist Rom ziemlich groß dargestellt, genau so groß wie beispielsweise ganz Sizilien. Findet Ihr Rom und Sizilien auf der Karte?

Wo ist der Harz geblieben?

Neben Jerusalem und Rom sind noch viele andere Städte dargestellt. Die niedersächsischen Städte liegen ganz am Rand der Karte gleich neben dem Ozean, der die ganze Welt umspült und zu dem augenscheinlich die Nordsee gerechnet wurde. Findet Ihr auf dem abgebildeten Ausschnitt aus der großen Karte die Stadt Braunschweig? Ihr könnt sie an einem Symbol erkennen, das über der Stadtmauer eingezeichnet ist.

5 *Norddeutschland mit Braunschweig, Kloster Ebstorf und anderen Orten auf der Ebstorfer Weltkarte.*

Wenn Ihr mit Eurem Finger oder Euren Augen auf der Karte von Braunschweig aus nach oben geht, findet Ihr die Städte "Hildensem" und "Goslaria". Selbstverständlich handelt es sich dabei um Hildesheim und Goslar. Sogar die Innerste ("Indistria") und die Oker (ohne Bezeichnung), die beide aus dem Harz kommen, sind eingezeichnet. Doch wo ist der Harz selbst geblieben? Auch die Alpen oder die Pyrenäen sucht Ihr übrigens vergeblich. Es ist so, daß der Kartenzeichner überhaupt keine Berge und Gebirge dargestellt hat. Er benötigte vielmehr den ganzen Platz für die Städte, die Flüsse und Meere sowie für andere Dinge, die weiter unten vorgestellt werden.

Geht Ihr jetzt auf der Ebstorfer Karte von Braunschweig aus nach unten, dann findet Ihr unter anderem Hannover ("Hannovere") und nicht weit davon, auf der anderen Seite der Aller ("alra"), einen Ort namens "Ebbekstorp", bei dem eine Kirche und drei Gräber von Märtyrern eingezeichnet sind. Hier handelt es sich um das Kloster Ebstorf, in dem oder für das diese große Weltkarte entworfen, gezeichnet und ausgemalt worden ist.

Vom Elefanten und der Maus

Im Westen Afrikas - Westen ist auf dieser Karte unten und nicht links, wie wir es heute gewöhnt sind! - ganz am Rand des Ozeans hat der Zeichner ein Tier dargestellt, das folgendermaßen aussieht:

6   Der "Elefas", ein interessantes Tier aus Afrika.

Weil die Bezeichnung "Elefas" dabeisteht, habt Ihr sicher schon erkannt, daß es sich um einen Elefanten handeln soll. Die Elefanten werden im Text auf der Karte noch genauer beschrieben, denn die Nonnen im Kloster Ebstorf hatten mit Sicherheit noch kein solches Tier gesehen. Hagenbecks Tierpark in Hamburg gab es damals nämlich genauso wenig wie den Zoo in Hannover. Allerdings hatte auch der Kartenzeichner selbst noch keinen Elefanten gesehen und verließ sich auf Beschreibungen aus alten Büchern. So konnte er dann über die Elefanten sagen:

> *"Wenn sie Junge haben, bringen sie diese ins Wasser oder in den Wald wegen der Drachen, die ihnen gern auflauern und sie erwürgen. Zwei Jahre gehen sie mit dem Nachwuchs schwanger, gebären nicht mehr als ein Mal und nur ein einziges Junges. Sie leben dreihundert Jahre. (...) Elefanten bevorzugen die Berge. Sie haben einen langen Rüssel und führen mit ihm die Nahrung zum Mund. Der Rüssel ähnelt einer Schlange. (...) Elefanten haben tatsächlich einen Verstand, der dem menschlichen nahe kommt. Sie besitzen Erinnerungsvermögen und beachten den Lauf der Gestirne. Wenn der Mond leuchtet, kommen sie scharenweise zum Wasser. Dann besprengen sie sich mit Wasser und begrüßen den Aufgang der Sonne mit allen möglichen Bewegungen, worauf sie in den Wald zurückgehen. Jeden Feind greifen sie an, eine Maus aber fürchten sie und fliehen vor ihr."*

Q 1   Ebstorfer Weltkarte

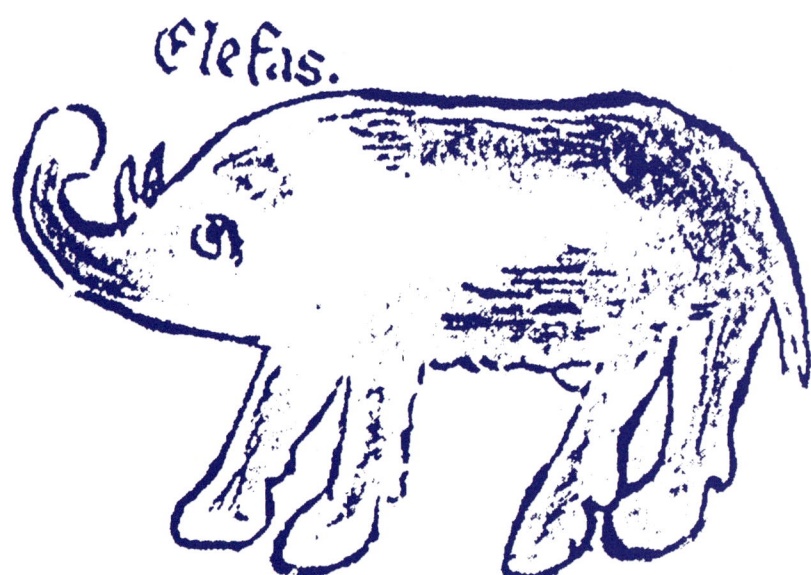

Ob Elefanten wohl wirklich vor Mäusen Angst haben? Vergleicht die Beschreibung von der Karte doch einmal mit unserem heutigen Wissen über Elefanten z. B. in Eurem Biologiebuch, in Brehm's Tierleben, im Brockhaus oder in anderen Sachbüchern.

Die Arche Noah

Fast genau in der Mitte des linken oberen Viertels - also mitten in Asien - könnt Ihr sicher ein Schiff erkennen, das auf einem Berg steht. (Hier ist ausnahmsweise einmal ein Berg eingezeichnet, weil er wichtig für die Geschichte ist.) Schon die Beschriftung ("Archa noe") verrät, daß es sich hier um die Euch sicher bekannte biblische Arche Noah handelt. (Wer die Geschichte nicht kennt, kann sie in der Bibel im Alten Testament im 1. Buch Mose vom sechsten bis zum neunten Kapitel nachlesen.)

Die große Taube mit dem Zweig im Schnabel zeigt, daß das - zumindest für Noah, seine Familie und die ausgewählten Tiere - glückliche Ende der Sintflutgeschichte dargestellt ist. Die schiffsartige Arche ist auf dem Berg Ararat ("Ararath mons") gelandet, und Noah hebt die Hände, um Gott für die Errettung zu danken.

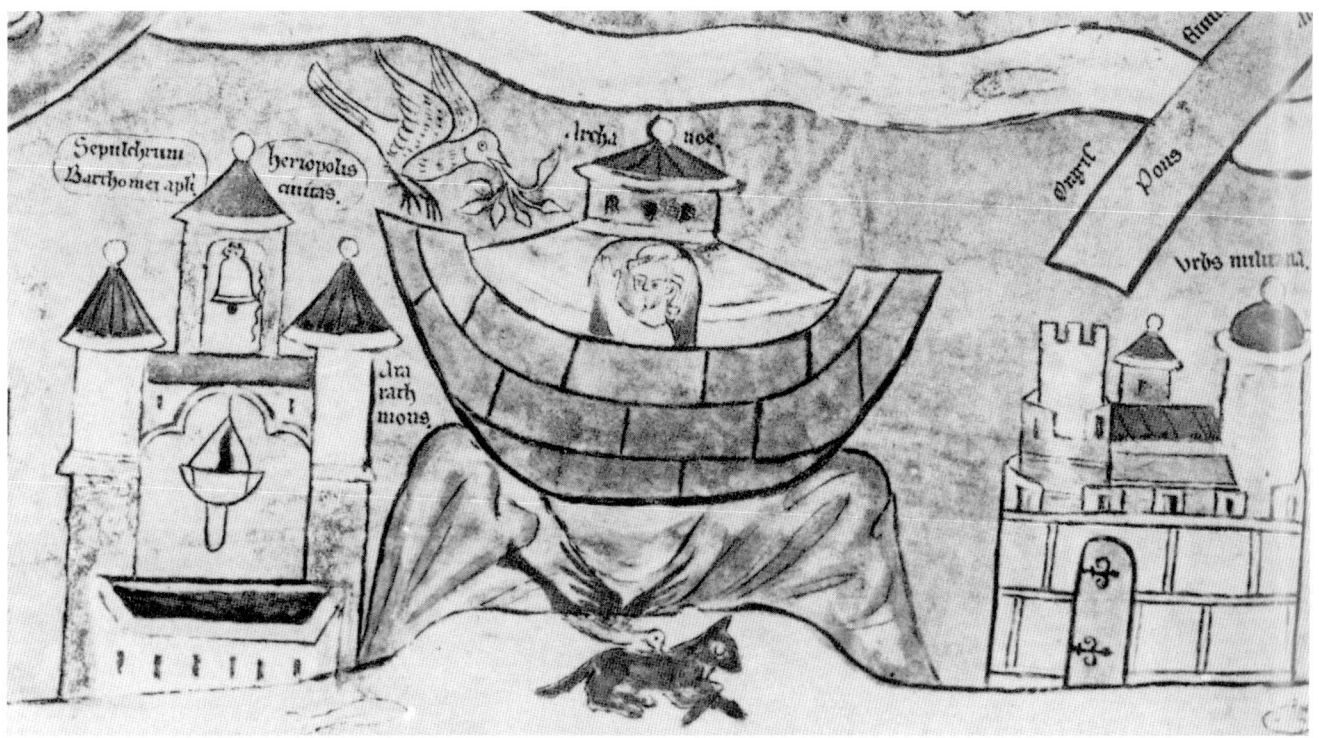

7   Schiffslandung auf dem Berg: So sieht die Arche Noah auf der Ebstorfer Weltkarte aus.

... und die Menschenfresser?

Noch mehrere solcher biblischen Erzählungen wie zum Beispiel die Geschichte vom Paradies oder die vom Turmbau zu Babel sind auf der Ebstorfer Weltkarte dargestellt. Die Karte verbindet also gewissermaßen Erdkunde mit Religion und, wenn Ihr an den Elefanten und die anderen Tiere denkt, auch mit Biologie. Für die Menschen, die vor etwa 800 Jahren diese Karte entworfen und gezeichnet haben, gehörte das alles zusammen und machte ihr Weltbild aus. Was müßten wir wohl alles noch auf unsere Weltkarte zeichnen, um unser "Bild von der Welt" aufzu-

malen? Damals, zur Zeit Heinrichs des Löwen, gehörten auch die Menschenfresser zum Weltbild. Ihr findet sie nicht weit von der Arche Noah im linken oberen Viertel ganz am Rand. Sie befinden sich in einem Viereck, das in den Ozean hineinragt und das wie eingezäunt aussieht. Zum Glück sitzen sie nicht in der Nähe der Pilgerwege von Ebstorf oder Braunschweig nach Rom oder nach Jerusalem in das "Heilige Land". Sonst wäre Heinrichs Pilgerfahrt dorthin wohl noch gefährlicher geworden.

Familienbande

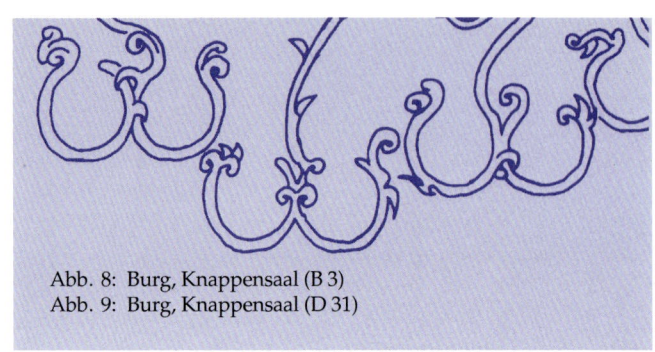

Heinrich der Löwe gehörte zum Geschlecht der "Welfen". Die großen "Familien" wurden oft nach dem am häufigsten vorkommenden Namen benannt. So ist es auch bei dem Geschlecht, dem Heinrich der Löwe entstammte. Viele Nachfahren des Grafen Welf im Argengau trugen auch den Namen "Welf". Allerdings nannte man manchmal die Geschlechter auch nach dem Stammsitz ihrer Familie wie z. B. die "Staufer". Denn die hießen nun nicht alle "Stauf" mit Namen, sondern das Fürstengeschlecht hatte seinen Stammsitz auf der Burg Hohenstaufen.

Ein Stammbaum der Welfen ist in einem handgeschriebenen Buch abgebildet, das im letzten Viertel des 12. Jahrhunderts im Kloster Weingarten entstanden ist. Rechts ist die Seite mit dem Stammbaum abgebildet. Die Seiten des Buches bestehen aus Kalbspergament. Der Stammbaum ist mit brauner und roter Tinte gezeichnet und in Rot und blasser Sepia, das ist eine grau-braun-schwarze Farbe, ausgemalt. Der mittlere Stamm ist auf grünlichem Grund gezeichnet. Dieser mittlere Stamm des Stammbaums ist oben stark nach links geneigt. Von ihm gehen links und rechts spiralförmige Ranken aus, die Bildnisse der Nebenlinien des Geschlechts enthalten. Die Namen der Dargestellten stehen im Stamm auf den Bögen über den Köpfen und bei den Nebenlinien in den Ranken. Eine Ranke ist leer geblieben. Hier fehlt das Bild des Kaisers Friedrich I. "Barbarossa". Warum die Zeichnung nicht ausgeführt wurde, wissen wir nicht.

Hier in der Übersichtszeichnung rechts sind die direkten Nachkommen, so wie sie im "Stamm" des Bildes dargestellt sind, aufgeführt. Von unten nach oben zeigen die blauen Striche immer den Sohn oder die Tochter.

"Heinricus V. dux" ist Heinrich der Löwe. Findet Ihr ihn auf der Schemazeichnung und im gemalten Stammbaum wieder? Findet Ihr auch heraus, wie sein Vater und seine Mutter hießen?:

_____

und

_____

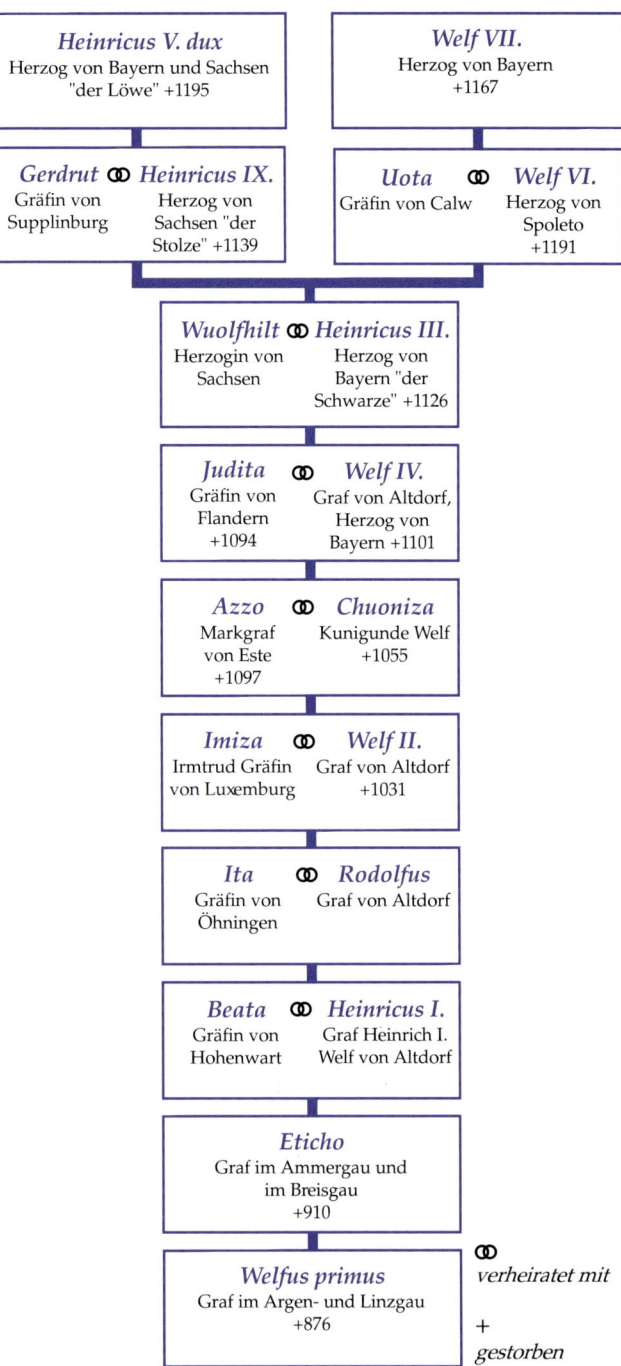

14

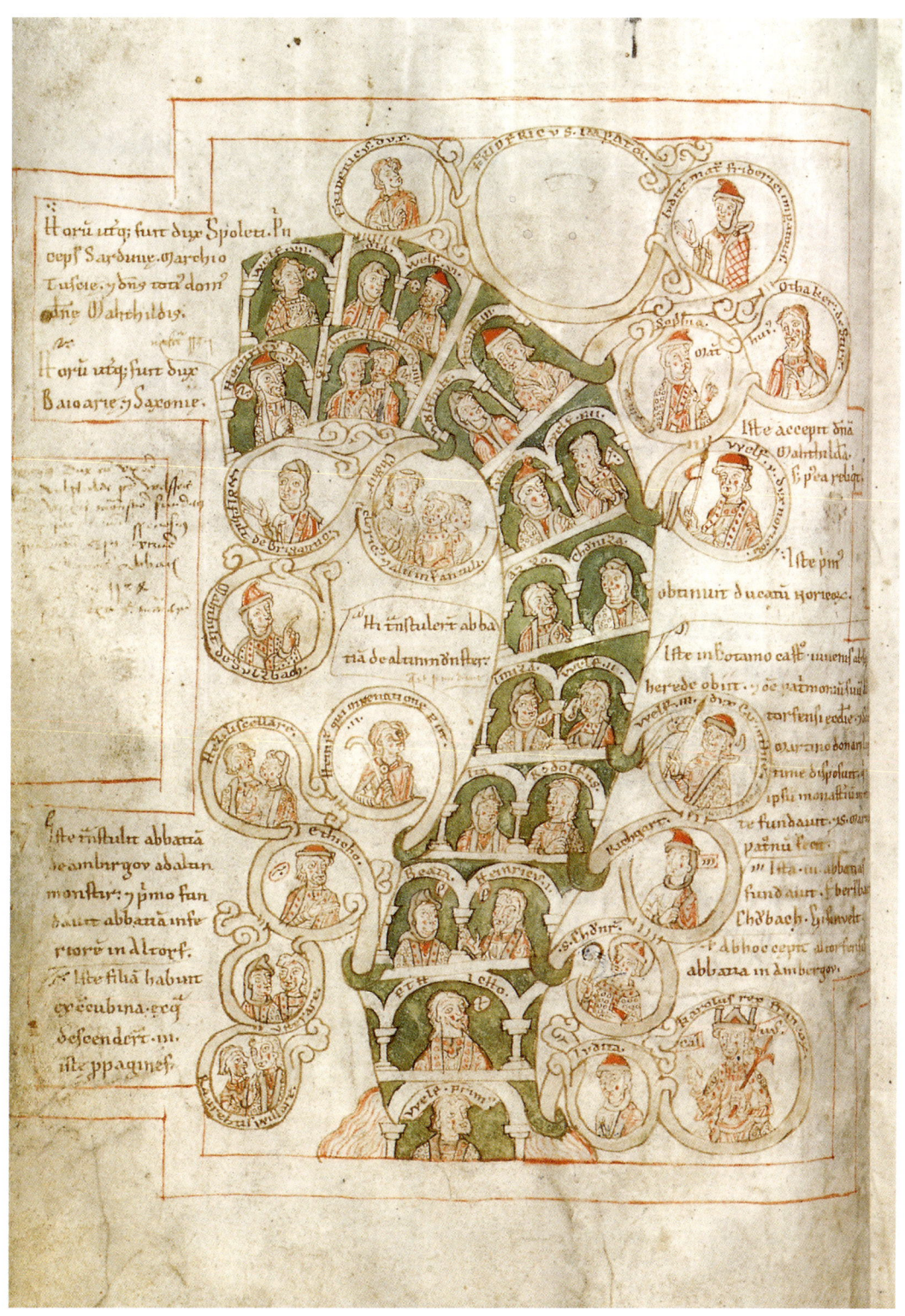

8 Dieser Stammbaum der Welfen findet sich in der Weingartner Welfenchronik, die im letzten Viertel des 12. Jahrhunderts entstanden ist.

9   *Das Krönungsbild aus dem Evangeliar Heinrichs des Löwen, das um 1188 entstanden ist.*

Auf dem sogenannten Krönungsbild aus dem Evangeliar Heinrichs des Löwen sehen wir in der oberen Hälfte Christus, zwei Engel und zwei Reihen von Heiligen.

In der unteren Hälfte sehen wir eine Versammlung von Herzog Heinrich dem Löwen, seiner Frau Herzogin Mathilde und einigen Vorfahren des Paares. Links neben dem knienden Heinrich stehen sein Vater, Herzog Heinrich "der Stolze", und seine Mutter Gertrud, die Tochter Kaiser Lothars III. Dieser (also einer der Großväter Heinrichs) schließt sich links mit seiner Gemahlin Richenza an.

Rechts hinter Mathilde steht ihr Vater, König Heinrich II. von England. Die Frau rechts neben ihm ist nicht seine Frau, sondern seine Mutter, die auch Mathilde heißt. (Sie ist also die Großmutter von Heinrichs Frau.) Die Frauenfigur ganz rechts im Bild ist unbekannt.

Hier könnt Ihr versuchen, die auf dem Bild versammelten Familienmitglieder in den Stammbaum einzutragen:

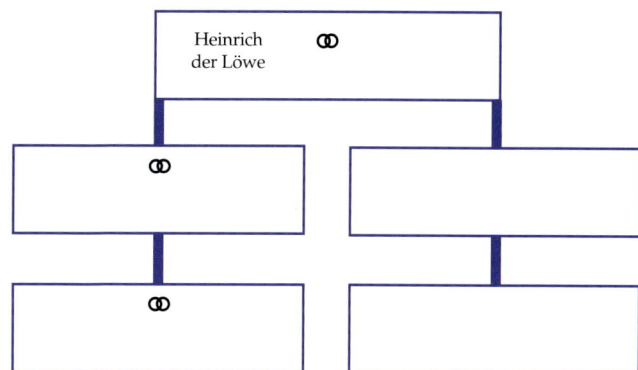

Und wer nun von Stammbäumen immer noch nicht genug hat, kann hier seine eigene Familie eintragen:

Du selbst (in der Mitte) und daneben Deine Geschwister

Vater und Mutter (in der Mitte), jeweils neben ihnen ihre Geschwister (also Onkel und Tanten)

Großeltern

Urgroßeltern

10 *Bei dieser Stammtafel hat sich der Zeichner an dem Welfenstammbaum der Weingartner Handschrift orientiert.*

Im Profil:
Heinrich der Löwe

11 Ausschnitt aus dem Krönungsbild des Evangeliars Heinrichs des Löwen.

Vorname, Name:	**Heinrich der Löwe**
Geburtsdatum:	**1129/31**
Geburtsort:	**unbekannt**
Konfession:	**röm.-katholisch**
Staatsangeh.:	**Römisches-Deutsches Reich**
Beruf:	**Herzog von Bayern und Sachsen**
Großeltern:	**Kaiser Lothar III., Kaiserin Richenza**
Eltern:	**Heinrich der Stolze, Herzog von Bayern und Sachsen, Gertrud von Sachsen**
Geschwister:	**keine**
Schul-/ Ausbildung:	**höfisch-ritterliche Erziehung**

Kurz zusammen-gefaßt

1129/31
Geburt Heinrichs des Löwen

1142
Belehnung mit dem Herzogtum Sachsen

1147
Teilnahme am Wenden-kreuzzug

1148/49
Heirat mit Clementia, Tochter Herzog Konrads von Zähringen

1152
Wahl Friedrichs I. "Bar-barossa" zum König

1154/55
Teilnahme am 1. Italienzug Friedrichs I.

1156
Belehnung mit dem Herzogtum Bayern

1157/58
Gründung der Stadt München

1162
Scheidung von Clementia von Zähringen

1166
Beginn schwerer Kämpfe mit den sächsischen Fürsten - Errichtung des Löwen-standbildes

1168
Hochzeit mit Mathilde, Tochter des englischen Königs Heinrich II., im Mindener Dom

1172
Pilgerfahrt nach Jerusalem

1173
Neubau des "Domes" St. Blasius in Braunschweig

Heinrich der Löwe

Ein skrupelloser Machtpolitiker? Der unge-krönte König von halb Deutschland? Ein Mann von internationalem Ruf, der einen heftigen "Karriereknick" erlitten hat? Ein wichtiger Wegbereiter der mittelalterlichen deutschen Ostsiedlung? Heinrich der Löwe gehört zwei-fellos zu den bekanntesten, aber auch umstrit-tensten Herrschergestalten des Mittelalters.

Heinrich der Löwe wurde etwa gegen 1129/31 geboren. Es liegt in der Geschichtsschreibung der damaligen Zeit begründet, daß man über die Kindheit und Jugend selbst sehr mächtiger Herrscher wenig weiß. Doch sicherlich hat er eine ritterliche Erziehung genossen, denn er entstammte einer sehr mächtigen hochadligen Familie, dem Geschlecht der Welfen.

13 So könnte der Burgbezirk Dankwar-derode ausgesehen haben.

Mittelpunkt seines Herrschaftsbereichs war Braunschweig mit der Burg Dankwarderode, an deren Ausbau Heinrich der Löwe entschei-dend beteiligt war. Auf dem Burgplatz ließ er 1166 ein monumentales bronzenes Löwen-standbild errichten. Mit seiner emporgereckten Gestalt und dem geöffneten Rachen gilt es als Sinnbild für die Macht des Herzogs.

12 Detail des Grabmals Heinrichs des Löwen.

1176
"Kniefall Friedrichs I." in Chiavenna

1178
Beginn des Prozesses gegen Heinrich den Löwen

1180
Verurteilung auf dem Hoftag in Würzburg - Verhängung der Oberacht - Aufteilung des Herzogtums Sachsen

1181
Unterwerfung Heinrichs des Löwen auf dem Hoftag in Erfurt

1182/85
Erstes Exil in England bei König Heinrich II.

1189
Zweites Exil in England - Tod der Ehefrau Mathilde

1190
Tod Kaiser Friedrichs I.

1191
Kaiserkrönung Heinrichs VI.

1195
Tod Heinrichs des Löwen

Nach dem Herzogtum Sachsen (in dem Braun-schweig liegt) wurde er später auch mit dem Herzogtum Bayern belehnt. Doch der Schwer-punkt seiner Politik lag im Norden. Durch Er-oberung, aber auch durch Besiedelung bezog er nach und nach Gebiete östlich der Elbe in sei-nen Herrschaftsbereich ein. Er gründete Dörfer und Städte (z. B. München und Lübeck) und er-richtete Klöster und Bistümer.

14 Das Löwenstandbild wurde 1166 errichtet. Heute steht eine Kopie auf dem Burgplatz.

Wegen der rücksichtslosen Ausdehnung seines Herrschaftsbereichs geriet er mit benachbarten Fürsten immer wieder in heftige Auseinander-setzungen, die sich gegen diese Machtpolitik gewaltsam wehrten. Der Kaiser, Friedrich I. "Barbarossa", mußte wiederholt eingreifen und schlichten, wobei er oft zugunsten Heinrichs des Löwen, seines Vetters, entschied und des-sen Interessen unterstützte. Heinrich der Löwe erwies sich lange Zeit als Stütze des Kaisers auf dessen Italienzügen und stand ihm bei den Auseinandersetzungen mit den italienischen Städten zur Seite.

1176 kam es dann zu einem offenen Bruch zwi-schen Herzog und Kaiser. Friedrich I. "Barba-rossa" war mit Verhandlungen in Italien ge-

15 Friedrich I. "Barbarossa".

18 So hat sich Jahrhunderte später ein Künstler den "Kniefall" vorgestellt.

Die englische Königstochter Mathilde, die Heinrich der Löwe geheiratet hatte, starb 1189 in Braunschweig und wurde dort vor dem Marienaltar in der Stiftskirche St. Blasius ("Braunschweiger Dom") beigesetzt. Das Herzogspaar hatte diesen Altar wie auch einige andere Ge-

16 Der Marienaltar im "Braunschweiger Dom".

genstände der Kirche gestiftet, also geschenkt. Heinrich der Löwe kehrte nach dem Tod Mathildes zurück, erlangte aber seine Stellung nicht mehr wieder. Erst spät kam es zu einer Aussöhnung mit dem Nachfolger des Kaisers Barbarossa, wobei zumindest der eigene Besitz der welfischen Familie anerkannt wurde.

scheitert und bat Heinrich den Löwen um militärische Hilfe, der aber lehnte die Unterstützung ab. (Rechtlich gesehen war er allerdings dazu auch nicht verpflichtet.)

Einige Quellen sprechen davon, daß der Kaiser zu Heinrichs Füßen kniend um Hilfe gebeten habe, und so spricht man vom "Kniefall" Friedrichs I.

1178 beginnt ein Prozeß gegen Heinrich den Löwen, bei dem die Fürsten Klage gegen ihn erheben wegen seiner Übergriffe auf ihre Besitzungen. Der Herzog mißachtet das gegen ihn gerichtete Verfahren, und 1180 werden ihm auf dem Reichstag in Würzburg die beiden Herzogtümer aberkannt. 1182 verläßt Heinrich das Reich und geht nach England zu seinem Schwiegervater König Heinrich II.

Heinrich der Löwe starb 1195 und wurde in der Stiftskirche St. Blasius ("Braunschweiger Dom") begraben. Über den Gräbern wurde im 13. Jahrhundert ein steinernes Grabmal errichtet.

17 Das Grabmal Herzog Heinrichs des Löwen und der Herzogin Mathilde.

Hier auf der Karte sind die Herzogtümer Heinrichs des Löwen, die Besitztümer der Welfen und die Grenzen des damaligen Reiches eingezeichnet. Mit Hilfe Eures Schulatlasses oder einer anderen Karte könnt Ihr ungefähr die Grenzen Deutschlands und der Bundesländer, so wie sie heute verlaufen, einzeichnen. Die Orte und Flüsse auf der Karte helfen Euch dabei.

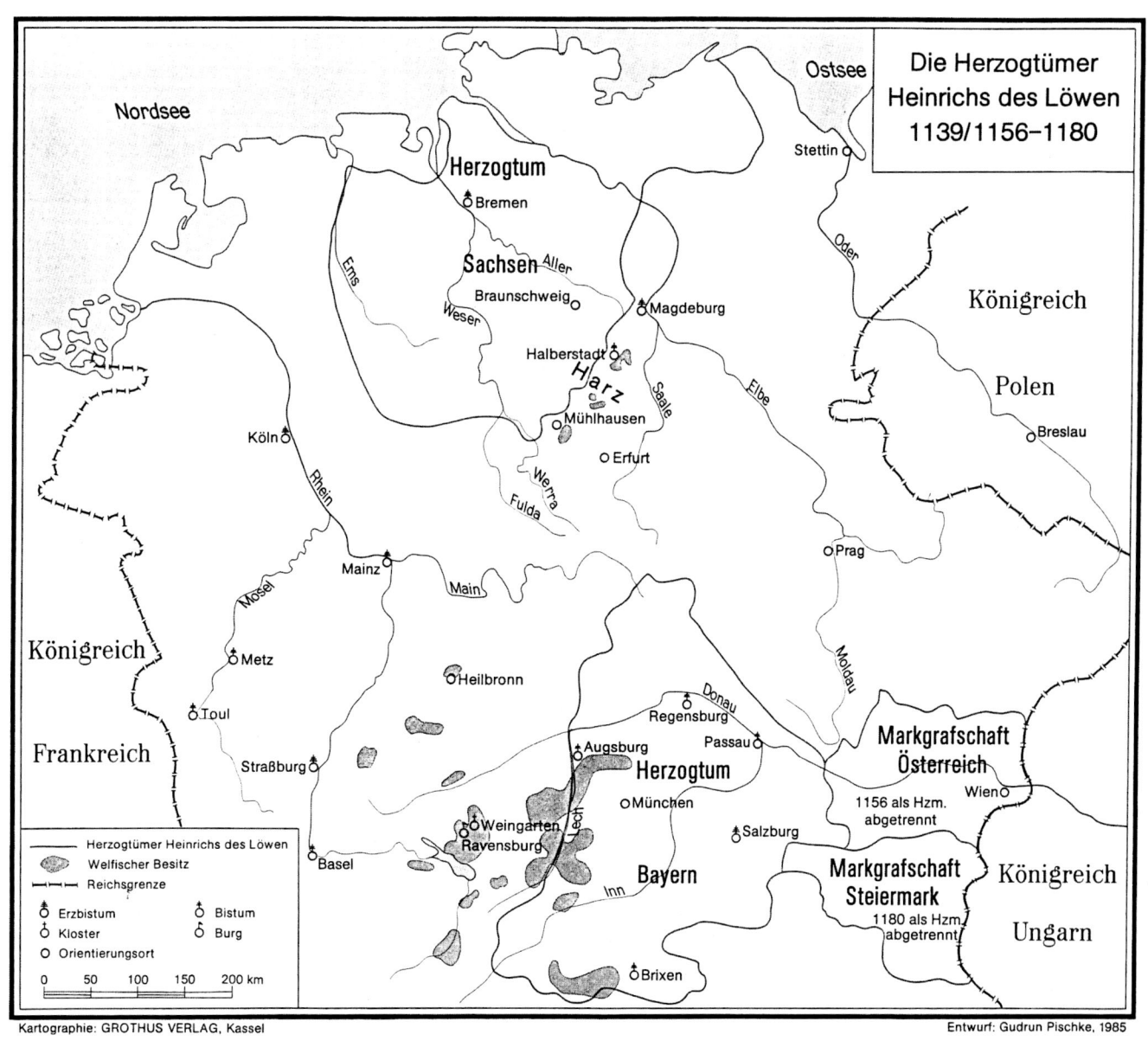

19 Karte mit den Herzogtümern Heinrichs des Löwen.

Über Heinrich den Löwen , seine Macht, seinen Reichtum und den Widerstand der Fürsten berichtet Helmold von Bosau (gestorben nach 1177), also ein Zeitgenosse Heinrichs des Löwen, in seiner "Slawenchronik" folgendes:

"Nun wuchs die Macht des Herzogs höher als die aller seiner Vorgänger, er wurde Fürst der Fürsten des Landes und beugte den Nacken der Aufrührer, er brach ihre Burgen, vertilgte die Wegelagerer, machte Frieden im Lande, erbaute die stärksten Festen und hatte ungeheures Eigengut in Besitz. Denn außer dem Erbe seiner großen Vorfahren, des Kaisers Lothar und seiner Gattin Richenza sowie der vielen Herzöge von Bayern und Sachsen, wuchsen ihm auch noch die Besitzungen vieler Fürsten zu, so des Hermann von Winzenburg, des Siegfried von Homburg, des Otto von Assel und anderer, deren Namen mir entfallen sind; zu schweigen von dem ausgedehnten Machtbereich Erzbischof Hartwigs, der vom alten Geschlecht der Udonen abstammte. Die herrliche Burg Stade erlangte er mit ihrem Zubehör, mit der Grafschaft an beiden Stromufern und der Grafschaft Dithmarschen noch zu Lebzeiten des Bischofs, teils nach Erb- teils nach Lehnrecht; auch nach Friesland streckte er die Hand aus und ließ sein Heer gegen (die Friesen) rücken; da gaben sie, um sich loszukaufen, was man von ihnen verlangte. Weil aber der Ruhm den Neid erzeugt und im Menschenleben nichts von Dauer ist, so sahen alle Fürsten Sachsens scheel auf den Ruhm eines solchen Mannes. Denn Heinrich stand bei seinem ungeheuren Reichtum und seinen glänzenden Siegen wegen der doppelten Herzogswürde in Bayern und Sachsen so hoch in seinem Ansehen, daß es allen Fürsten und Edlen in Sachsen unerträglich schien. Doch die Furcht vor dem Kaiser band den Fürsten die Hände, daß sie ihre geplanten Umtriebe nicht ins Werk setzten. Als aber der Kaiser den vierten Zug nach Italien vorbereitete und die Zeit eine günstige Gelegenheit brachte, trat die alte Verschwörung sofort offen hervor und es entstand ein mächtiges Bündnis aller gegen einen. Ihre Anführer waren Erzbischof Wichmann von Magdeburg und Bischof Hermann von Hildesheim."

Q 2 Helmold von Bosau

20 Das Löwensiegel Herzog Heinrichs an einer Urkunde für das Kloster Salem.

Sich von Heinrich dem Löwen ein Bild zu machen ist gar nicht so einfach. Was hätte er wohl auf die Fragen unseres Reporters geantwortet? Vielleicht habt Ihr ein paar Ideen:

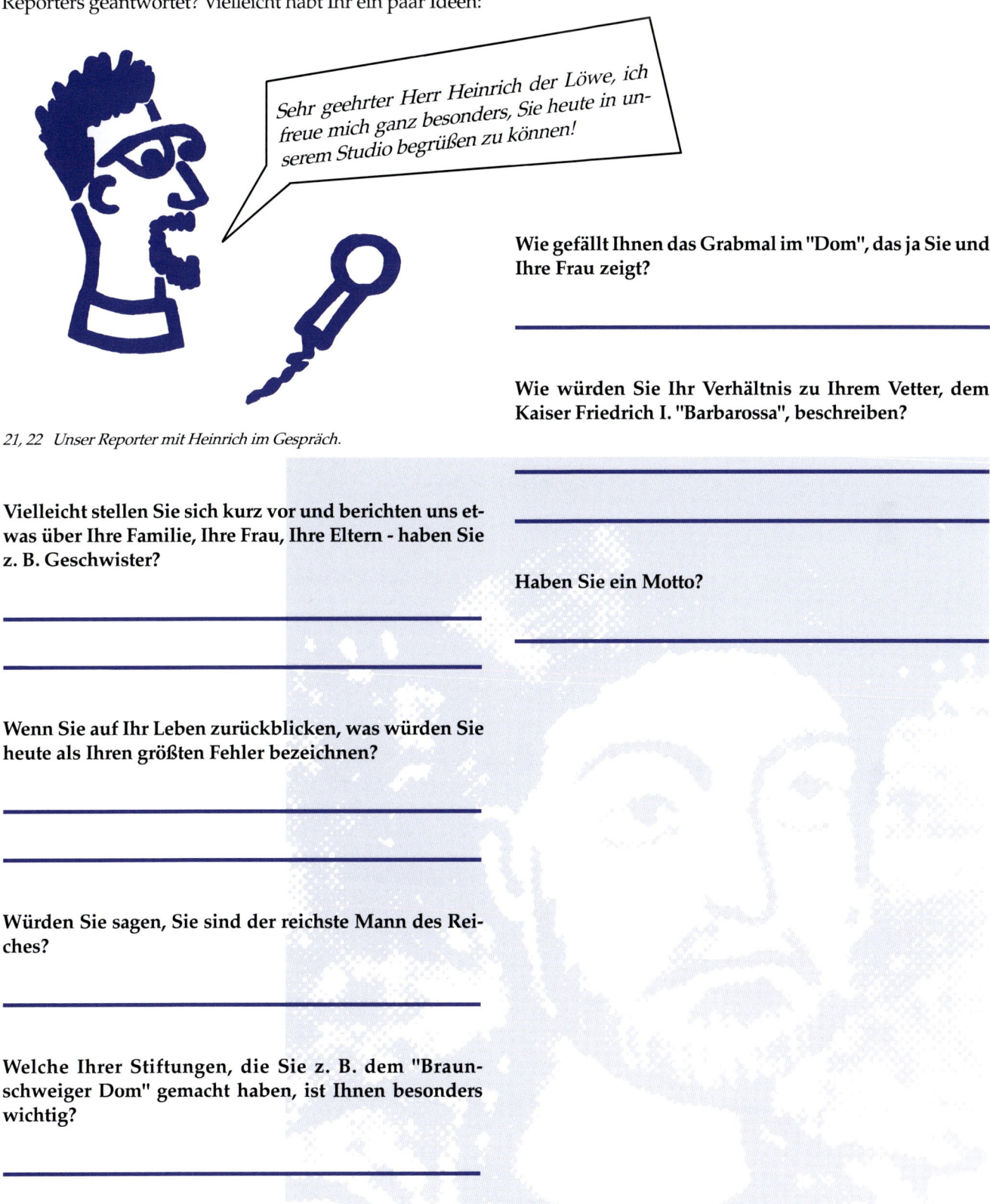

Sehr geehrter Herr Heinrich der Löwe, ich freue mich ganz besonders, Sie heute in unserem Studio begrüßen zu können!

21, 22   Unser Reporter mit Heinrich im Gespräch.

Wie gefällt Ihnen das Grabmal im "Dom", das ja Sie und Ihre Frau zeigt?

_____

Wie würden Sie Ihr Verhältnis zu Ihrem Vetter, dem Kaiser Friedrich I. "Barbarossa", beschreiben?

_____

_____

Vielleicht stellen Sie sich kurz vor und berichten uns etwas über Ihre Familie, Ihre Frau, Ihre Eltern - haben Sie z. B. Geschwister?

_____

_____

Haben Sie ein Motto?

_____

Wenn Sie auf Ihr Leben zurückblicken, was würden Sie heute als Ihren größten Fehler bezeichnen?

_____

_____

Würden Sie sagen, Sie sind der reichste Mann des Reiches?

_____

Welche Ihrer Stiftungen, die Sie z. B. dem "Braunschweiger Dom" gemacht haben, ist Ihnen besonders wichtig?

_____

_____

Burg, Rittersaal
Abb. 23:   (E 6)
Abb. 24:   (D 98)
Abb. 27, 28: (E 4)
Abb. 29:   (D 120)
Abb. 30:   (D 118)

Heinrich der Löwe und England

Hochzeit mit einer englischen Königstochter

Im Mittelalter konnten sich die Söhne und Töchter der Herrscherfamilien in der Regel nicht aussuchen, wen sie heiraten wollten. Man suchte den Ehepartner danach aus, ob sich die eigenen Besitztümer und Herrschaftsbereiche mit einer günstigen Heirat erweitern ließen. Oft diente eine Heirat auch dazu, Beziehungen zwischen Ländern zu knüpfen oder zu stärken. So heiratete Heinrich der Löwe in seiner zweiten Ehe die englische Königstochter Mathilde. Mathilde war bei der Verlobung acht oder neun Jahre, Heinrich der Löwe schon 35 Jahre alt. Mathilde war die älteste Tochter des englischen Herrscherpaares Eleonore von Aquitanien und Heinrich II. von England. Bei dieser Verlobung wurde auch gleichzeitig Mathildes jüngere Schwester, die vierjährige Eleonore, mit dem erst einjährigen Friedrich verlobt. Er war der bis dahin einzige Sohn des Kaisers Friedrich Barbarossa.

Hiermit entstand ein starkes Bündnis zwischen England und Sachsen, besiegelt durch die Familienbande. Heinrich würde durch die Ehe mit der Tochter des englischen Königs an Ansehen und Bedeutung erheblich gewinnen. Keiner hatte im deutschen Reichsgebiet zu seiner Zeit so enge Beziehungen zu England wie Heinrich der Löwe.

Bald schon wurden von Braunschweig aus die Hochzeitsvorbereitungen getroffen. Ende des Jahres 1167 schickte Heinrich eine Gesandtschaft an den englischen Königshof, um die kindliche Mathilde nach Sachsen zu holen. Mit großem Aufwand, einem beträchtlichen Schatz von Gold und Silber und einer reichen Aussteuer kam Mathilde in Braunschweig an. Im Rechnungsbuch des englischen Königs heißt es, daß für seine Tochter Mathilde 20 Kisten und Koffer gefertigt wurden. Wir können uns vorstellen, welche Geschenke, Kleider und Kunstwerke sich darin befunden haben müssen. Heute ist uns davon leider nichts mehr erhalten geblieben. Die Hochzeit wurde nach allen Regeln der herzoglichen Kunst gefeiert. Sie

heirateten im Dom zu Minden, weil die noch kleine Stiftskirche in Braunschweig nicht groß und schön genug war. Für solch eine Hochzeit mußte es schon eine Kathedrale sein.

Es wird der jungen Mathilde nicht leichtgefallen sein, von ihrer Familie in England Abschied zu nehmen und eine Ehe mit einem fremden Mann einzugehen. Aber damals war es nicht üblich, als Tochter die Ehepläne des Vaters zu durchkreuzen. Mathilde fügte sich ihrem Schicksal, und das tat sie wohl sehr geschickt.

23 Diese Gemellion-Schüssel (Waschschüssel) gehörte zum festen Bestandteil der höfischen Eßkultur in England. Sie fand bei der Handwaschung Verwendung: Beim Gebrauch wurde das Wasser der mit einem Ausguß versehenen Schüssel während des Händewaschens in einer zweiten Schüssel aufgefangen.

In einem fremden Land

Die neue Heimat konnte sich in keiner Weise mit dem anregenden und bunten kulturellen Leben im anglonormannischen Reich messen. Mathilde hatte in ihrer Kindheit tanzende Jongleure, Musiker und Dichter erlebt. Der Hof der Königin Eleonore von Aquitanien, der Mutter von Mathilde, war im französischen Poitiers ein Mittelpunkt des literarischen Schaffens geworden. An ihrem Hof hielten sich die großen Dichter ihrer Zeit auf. Das höfische Leben erlebte dort seine Blüte. Dazu gehörte Gesang und Dichtung. Es wurde viel getanzt und gespielt. Gedichtet wurde in mittellateinischer und in französischer Sprache. In diesem Zusammenhang entstanden in den Werkstätten des 12. und 13. Jahrhunderts auch Kunstwerke mit Darstellungen des höfischen Lebens.

Diese Eindrücke wird auch Mathilde aufgenommen haben. Während ihrer Ehe mit Heinrich dem Löwen hat sie das höfische Leben auf der Burg Dankwarderode mit der englischen Kultur vertraut gemacht. Durch ihre Anregungen fand so etwas wie ein Kulturaustausch zwischen Sachsen und England statt. Auch später gab es für Mathilde Gelegenheit, die Verbindung zu ihrem Elternhaus zu wahren. Nach dem Streit Heinrichs des Löwen mit dem Kaiser Friedrich Barbarossa und seinem Sturz mußte Heinrich der Löwe Sachsen verlassen. Er trat die Fahrt in die Verbannung nach England 1182 an und blieb dort drei Jahre am Hofe seines Schwiegervaters Heinrich II. Der König ermöglichte seinem Verwandten am englischen Hof in der Normandie einen fürstlichen Lebensstil. Während Heinrich bald eine Pilgerfahrt nach Santiago de Compostela in Spanien antrat, blieb Mathilde am Hof ihres Vaters zurück. Mathilde hatte dort Kontakt zu bedeutenden Troubadouren (Liederdichtern) ihrer Zeit.

Ein prominenter Verwandter: Richard Löwenherz

Durch die Heirat Heinrichs des Löwen mit Mathilde zählte nun auch Richard Löwenherz zu den Verwandten von Heinrich dem Löwen. Denn Richard Löwenherz war der Bruder von Mathilde. Viele Sagen- und Rittergeschichten kreisen um Richard Löwenherz. Er war König von England von 1189 - 1199. Er hielt sich von seiner zehnjährigen Regierungszeit nur ein halbes Jahr in England auf. Als Nachfolger seines Vaters Heinrich II. übernahm er ein riesiges Reich und eine ebensogroße Verantwortung. Schon bald nach seinem Tod entstanden über sein Leben viele Legenden. Er war ein kriegerischer und machtvoller Herrscher. Es heißt, kein Kampf wäre ihm zu schwer gewesen. Er verkörperte wie kein anderer das Ideal ritterlicher Tugenden wie Mut und Unerschrockenheit.

24 Das Siegel von Richard Löwenherz.

25 Das Wappen von Richard Löwenherz. Zeichnung nach einer Chronik der Könige von England aus dem 14. Jahrhundert.

Das Königreich England

England bestand zur Zeit Heinrichs des Löwen aus vielen Herrschaftsgebieten, die nicht auf die Insel beschränkt waren. Durch die Heirat der Eleonore von Aquitanien mit König Heinrich II. von England wurde die große Familiendynastie der "Anjou-Plantagenets" gegründet und das Reich noch erweitert. Dazu gehörten etwa die Normandie, die Bretagne, Anjou, Aquitanien und Maine. Das gesamte westliche Frankreich gehörte also auch zum sogenannten "Angevinischen Reich", das wegen seiner Größe nicht einfach zu regieren war. Eleonore herrschte über das riesige Herzogtum von Aquitanien, das damals so groß war wie ein Drittel des heutigen Frankreich.

Eleonore wird häufig auch der Name "Königin der Troubadoure" verliehen, und dies spielt sicher auf ihre Förderung und Unterstützung der Literatur an ihrem Hof an. Troubadoure sind Liederdichter des 12. und 13. Jahrhunderts, die an französischen, italienischen und spanischen Höfen gewirkt haben. Im Deutschen Reich nannte man sie Minnesänger.

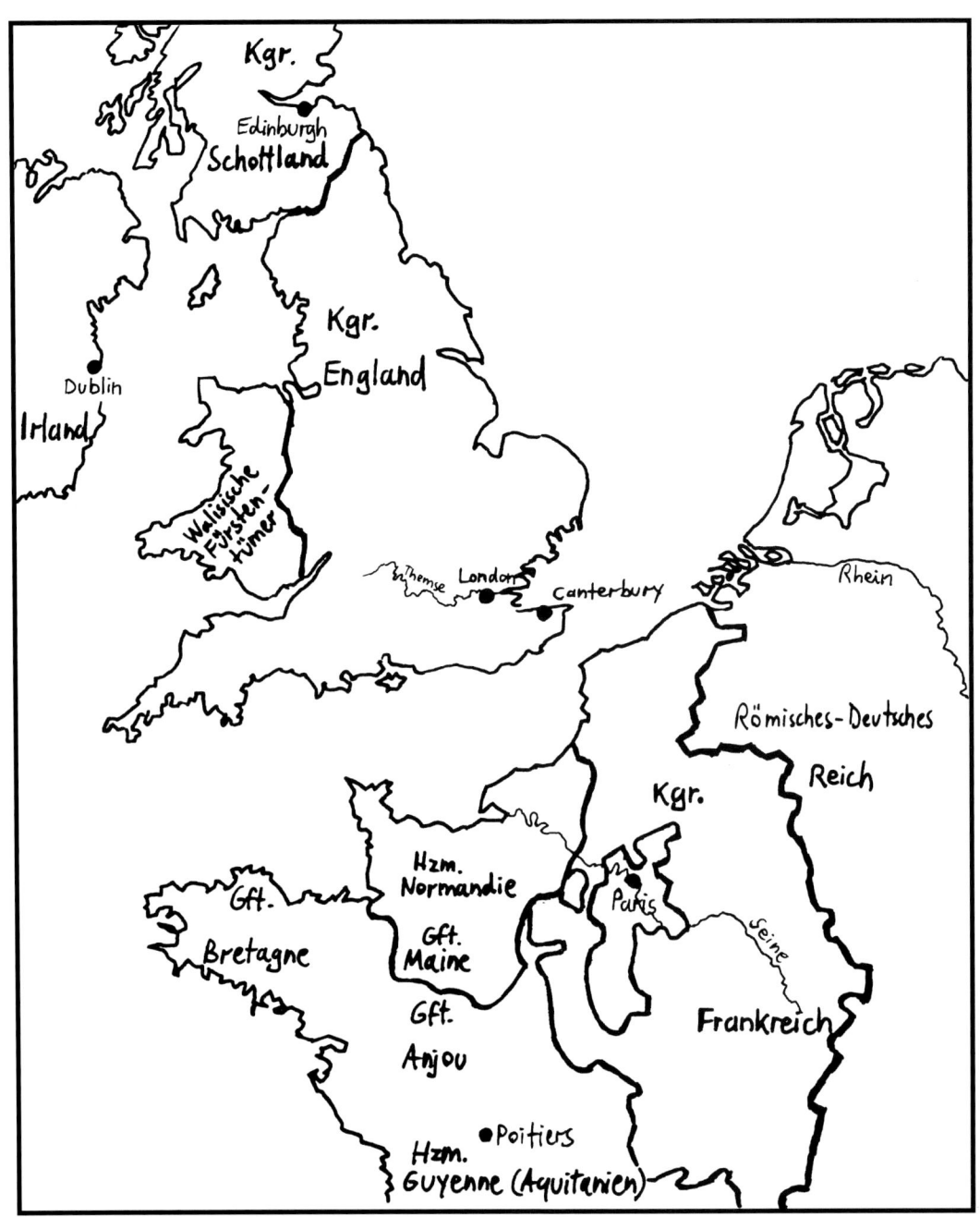

26 *Diese Karte zeigt das Angevinische Reich zur Zeit Heinrichs des Löwen.*

27 Dieses Medaillon aus Kopenhagen zeigt, wie sie sich am Hofe Eleonores von Aquitanien abgespielt haben könnten. Die vier Bohrungen deuten auf die Anbringung des Medaillons auf einem Kästchen hin. Auf diesem Medaillon bringt ein Fiedler vermutlich einer Dame seines Herzens ein Ständchen dar.

28 Das zweite Medaillon des Paares zeigt einen Harfenspieler und einen Jongleur, der gerade ein handstandartiges Kunststück vollbringt. Als
    Jongleure bezeichnete man jene, die Musikinstrumente spielen, und jene, die "ihre Körper durch schamlose Sprünge entstellen".

Mord am Altar

Schauplatz: Die Kathedrale von Canterbury in England, am Altar

Zeit: 29. Dezember 1170, in den Abendstunden

"Die Ritter platzten herein. Es waren ihrer fünf. Sie trugen Helme mit Visieren, so daß ihre Gesichter nicht zu erkennen waren. Bewaffnet waren sie mit Schwertern und Äxten. Sie sahen aus wie Abgesandte der Hölle (...). Einer rief: 'Wo ist Thomas Becket, Verräter des Königs und des Königreichs?' Es war mittlerweile schon recht dunkel. Nur matter Kerzenschimmer erhellte das Innere der großen Kirche. Alle Mönche trugen schwarzen Habit, und das Blickfeld der Ritter war durch die vorgeschobenen Visiere eingeengt (...). Erzbischof Thomas Becket schritt den Rittern entgegen und und sprach: 'Hier bin ich - kein Verräter, sondern ein Priester Gottes. Was wollt ihr?'" (Aus dem Roman von Ken Follet, Die Säulen der Erde.)

Diese düstere Szene spielt zwar in einem Roman, kann so aber tatsächlich passiert sein. Was sollte nun mit einem so mächtigen Kirchenfürsten, wie es der Erzbischof von Canterbury war, Schreckliches passieren, und warum?

Die Geschichte beginnt schon 15 Jahre früher. 1155 wurde Thomas Becket der Kanzler von König Heinrich II., also ein sehr enger Mitarbeiter und Berater. Seine Weihe zum Erzbischof von Canterbury 1162 stellte ihn völlig in den Dienst der Kirche. Wer in Canterbury Erzbischof war, war einer der mächtigsten Kirchenfürsten im Lande und konnte selbst dem König manchmal gefährlich werden. Und so sollte es kommen. Schon länger bestand ein Streit darüber, wer in bestimmten Fragen des Rechts im Lande das Sagen hatte: Die Kirche oder der König. Die Priester sollten sich nicht dem Gericht des Königs unterstellen, sondern der Kirche. Dafür kämpfte Thomas Becket. Er kämpfte auch für mehr Selbständigkeit und Freiheit in der Kirche, was König Heinrich II. gar nicht gefallen konnte. Er versuchte alles, um Thomas Becket zum Einverständnis mit seinen Vorschriften zu zwingen. Der floh jedoch nach Frankreich. Der Papst konnte den Verlust eines so mächtigen Kirchenmannes nicht hinnehmen. Er zwang den König unter Androhung von Strafe, sich mit Thomas Becket zu versöhnen. Dieser kehrte daraufhin nach England zurück. Doch schon einen Monat später am 29. 12. 1170 wurde er von vier Rittern aus der königlichen Gefolgschaft ermordet, und das am Altar. Später wurde König Heinrich II. für den Tod Beckets verantwortlich gemacht. Er mußte Kirchenbuße leisten und die Rechte der englischen Kirche teilweise verändern.

Thomas Becket wurde zum Märtyrer, weil er für seinen Glauben gestorben war. Im ganzen Land, ja sogar über England hinaus verehrten ihn die Menschen. Nach seinem Tod sollen sich an seinem Grab zahlreiche Wunder ereignet haben, die von Mönchen aufgeschrieben wurden. Das war wichtig, um Thomas Becket später heiligsprechen zu können. Er gilt noch heute als Verteidiger der Kirche, Beschützer der Freiheit und Gerechtigkeit. Schon 1173 sprach ihn Papst Alexander III. heilig.

Die Reliquien von Thomas Becket

"In der Kathedrale herrschte eine ungemein bedrückende Atmosphäre. Priester, Mönche und einfache Gläubige aus der Stadt kamen langsam näher und starrten voller Grauen auf die Leiche des Erzbischofs (...). Ein oder zwei Menschen murmelten, kaum hörbar, Gebete vor sich hin. Eine Frau bückte sich rasch nieder und berührte den toten Körper, als verhieße eine solche Berührung Glück. Einige andere folgten ihrem Beispiel. Dann sah Philipp eine Frau, die verstohlen ein kleines Fläschchen mit dem Blut des Erzbischofs füllte, als wäre er ein Märtyrer (...). Ein Mönch zerschnitt den blutverschmierten schwarzen Mantel des Erzbischofs. Unschlüssig, was er mit dem Kleidungsstück tun sollte, drehte er sich um und wollte es achtlos fortwerfen. Da sprang aus der Menge ein Bürger hervor und riß es ihm aus der Hand, als wär's ein Gegenstand von höchstem Wert." (Aus dem Roman von Ken Follet, Die Säulen der Erde.)

29 Auf dem Reliquienkasten aus Canterbury sind Abbildungen von Heiligen eingraviert. Das zweite Medaillon von links zeigt Thomas Becket als Erzbischof mit Bischofsstab und -mütze. Er hält auch eine Palme als Zeichen des Märtyrers in den Händen. Alle Heiligen, die auf dem Kästchen eingraviert sind, wurden in Canterbury verehrt. Bis auf eine Ausnahme ruhen deren Reliquien in der dortigen Kathedrale.

Im Roman ist von Gegenständen die Rede, die von Thomas Becket stammen und die den Menschen mehr bedeuten als das nur mit den Augen Sichtbare. Auch wir haben heute noch einen besonderen Umgang mit Dingen, die uns wichtig, ja "heilig" sind. Zur Zeit Heinrichs des Löwen aber hatten diese Dinge vor allem mit Heiligen und ihren Reliquien zu tun. Das Wort Reliquien stammt vom lateinischen "reliquiae" ab und bedeutet "Überreste". Gemeint sind Gebeine, Asche, Haare oder Körperteile von Heiligen und Gegenstände oder Kleidungsstücke, die diesen gehört oder die diese berührt haben. Reliquien wird eine große Wunderkraft zugeschrieben, da die Kraft der Heiligen in den Reliquien selbst wirksam sein soll. Jeder wollte an der Wunderkraft teilhaben. Reliquien wurden verschenkt, geraubt und gefälscht. Pilger brachten sie von ihren Reisen mit, Könige brachten Reliquien aus fernen Ländern als Gastgeschenke mit und raubten sie auch schon einmal. Jeder kirchliche Altar war erst dann ein "richtiger" Altar, wenn in seinem Inneren Reliquien aufbewahrt wurden. Der Bedarf an Reliquien war groß, deshalb gab es auch Fälschungen. Wenn ein Ritter auf eine Reliquie schwor, so war das so verbindlich wie heute ein Vertrag. Auch die Reliquien von Thomas Becket wurden schwunghaft gehandelt. Dabei spielte das mit Wasser verdünnte Blut des Heiligen eine große Rolle, denn im Blut sollte sich eine ganz besondere Heilkraft befinden.

30 Das Reliquiar (Behältnis für Reliquien) des Heiligen Thomas Becket aus dem 12. Jahrhundert zeigt die Ermordung des Erzbischofs. Über der Mordszene schaut ein segnender Engel mit Kreuzstab auf Thomas Becket hinab. Das Kästchen bewahrte einst Reliquien von Thomas Becket. Ein Mönch sammelte das vergossene Blut des Erzbischofs unmittelbar nach seinem Tod ein und füllte es in kleine Behälter. Es wurde als wundertätiges Pilgersouvenir gehandelt. Zwei solcher Behältnisse befanden sich in diesem Kästchen.

Noch heute pilgern viele Menschen zum Grab Thomas Beckets in der Kathedrale von Canterbury.

Die Becket-Reliquien spielen auch für die Beziehung Thomas Beckets zur Familie Heinrichs des Löwen eine Rolle. Es ist sicher, daß durch die Kontakte zwischen England und Sachsen Reliquien, darunter auch Becket-Reliquien, ausgetauscht wurden. Becket war mit dem englischen Königshaus zunächst als Kanzler, dann als Erzbischof im Guten wie im Bösen verbunden. Mathilde hat ihn als Kind mit Sicherheit gekannt. Im Krönungsbild des Evangeliars Heinrichs des Löwen erscheint der Heilige über der englischen Verwandtschaft als Fürsprecher. (Das Krönungsbild ist im Kapitel "Familienbande" abgebildet.) Um 1226 wird Becket dritter Patron der Stiftskirche St. Blasius, dem heutigen "Braunschweiger Dom". Dort hat er bis heute seine Spuren hinterlassen: Im Imervard-Kruzifixus waren im ausgehöhlten Hinterkopf von Christus Reliquien von Thomas Becket geborgen worden. An der Chorsüdwand der Blasiuskirche ist in sieben Szenen das Leben des Erzbischofs Thomas Becket dargestellt.

Wir gehen täglich mit Gegenständen um, die uns an etwas erinnern oder für uns eine ganz besondere Bedeutung haben. Habt Ihr auch so einen Gegenstand? Hier könnt Ihr ihn einzeichnen:

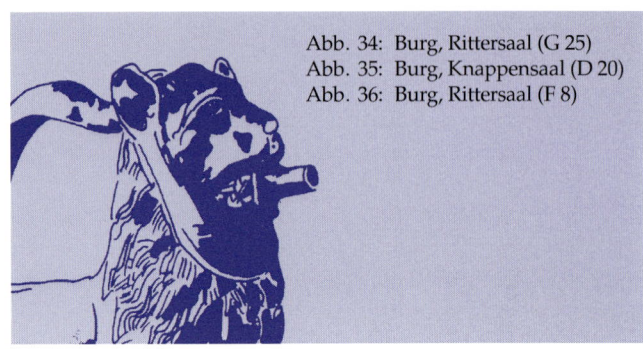

Abb. 34: Burg, Rittersaal (G 25)
Abb. 35: Burg, Knappensaal (D 20)
Abb. 36: Burg, Rittersaal (F 8)

"Fürsten der Finsternis"

Welcher mittelalterliche Mensch bekam jemals einen Löwen zu sehen? So gut wie keiner! Der mittelalterliche Löwe hatte mit Drachen und anderen Ungeheuern etwas gemeinsam: Es bildeten sich Sagen und Geschichten um ihn, weil man kaum etwas über "den König der Tiere" wußte. Über Körperbau und Verhalten war nur sehr wenig bekannt. Den Menschen schien der Löwe ein idealer Träger für geschätzte menschliche Eigenschaften zu sein. Ein Löwe symbolisierte alle Tugenden, die einen tüchtigen Ritter ausmachten: Stolz, Mut, ungeheure Kraft und Unerschrockenheit. Gleichzeitig hatte er auch "finstere" Seiten, die Menschen eine Warnung sein sollten: Löwen sind Raubtiere und können Menschen verschlingen.

Der Löwe erhielt aber nicht erst im Mittelalter seine große Bedeutung. Viele Künstler dieser Zeit griffen auf frühere Vorbilder etwa aus der Antike und auf alte Geschichten zurück. Schon in den Schriften des Alten Testamentes begegnen uns ganz verschiedene Vorstellungen von Löwen. Auch lange nach der Zeit Heinrichs des Löwen kommt der Löwe immer wieder in Sagen und Geschichten vor.

Löwen hatten eine extrem positive wie negative Bedeutung. Das war im Mittelalter kein Widerspruch. Die bedrohliche Macht des Löwen wurde gebannt, wenn er z. B. in Kirchen eine dienende Funktion einnahm: an Taufbecken, Leuchtern und wie hier als Türzieher. Gleichzeitig besaßen Löwen schon seit der Antike eine unheilabwendende Wirkung.

32 Um 1150/60 entstand dieser niedersächsische Türzieher.

Der Löwe kann auch ein Sinnbild für die Auferstehung Christi sein. Die Legende sagt: Nach der Geburt sind die kleinen Löwen noch drei Tage leblos. Der Löwenvater erweckt sie durch Anhauchen zum Leben. Diese Geschichte soll versinnbildlichen, daß Jesus auch nach drei Tagen von seinem Vater zu neuem Leben auferweckt worden ist.

31 Der Löwenvater erweckt die Jungen.

Löwen sind Wächter und Sinnbild der Macht und sehen dann besonders gefährlich aus. Macht äußerte sich im Mittelalter vor allem im Gericht. In der Bibel hat der Löwe eine meist negative Bedeutung:

> "Hilf mir aus dem Rachen des Löwen und vor den Hörnern wilder Stiere (...)."
>
> "Seid nüchtern und wacht, denn euer Widersacher, der Teufel, geht umher wie ein brüllender Löwe und sucht, wen er verschlinge."
>
> Q 3   Psalm 22,22 und 1. Petrusbrief 5,8

34 Dieses Löwenaquamanile aus dem 12. Jahrhundert hat einen Menschen im Rachen. Die Menschen sollten dadurch vor der Gewalt des Teufels gewarnt werden.

33 Der Burglöwe zeigt Zähne.

Welche Eigenschaften dieser Löwen hätten Herzog Heinrich besonders gefallen?

_____

_____

_____

_____

Kennst Du andere Tiere, die bei uns eine besondere Bedeutung haben wie z. B. der Fuchs für Schlauheit?

_____

_____

35 Der "echte" Burglöwe.

Ein starker Löwe für den Herzog

Braunschweig im Spätsommer 1166:
Noch ist Heinrich der "großmächtigste aller Herzöge", aber wie lange noch? Schon droht Gefahr für den Löwen von jenen Leuten, denen er schon längst viel zu mächtig ist: Erzbischof Wichmann von Magdeburg, Bischof Hermann von Hildesheim, Albrecht der Bär und andere schließen ein Bündnis gegen den Herzog, als dieser gerade nicht zu Hause ist. Ein günstiger Zeitpunkt für ein Komplott, doch Heinrich nimmt angesichts der Bedrohung alle seine Kräfte zusammen. Er läßt die Befestigungen seiner Burgen und Städte verstärken und schickt treue Gefolgschaft an wichtige Orte. Vor allem seine Residenz Braunschweig wird stark befestigt. Mit der Aufstellung des bronzenen Löwen auf dem Burgplatz in gerade dieser schweren Zeit brüllte Herzog Heinrich den Feinden seinen ganzen Macht- und Herrscherwillen entgegen!
Er zeigte außerdem allen, daß er für die Rechtsprechung in seinem Herzogtum verantwortlich war. Vermutlich war der Burglöwe ein Gerichtsmal des Landgerichtes der

Braunschweiger Herzöge. Ob auf dem Burghof wirklich Gerichte abgehalten wurden, wissen wir nicht so genau. Der Bronzelöwe, und das war auch Heinrichs Absicht, beeindruckte die Menschen schwer. So etwas gab es nirgends in Deutschland, man könnte es in der heutigen Zeit vielleicht mit dem Bau des Eiffelturms in Paris vergleichen. Das Volk empfand diese große Tierplastik aus so kostbarem Material als so ungewöhnlich, daß sich in der späteren Zeit viele Sagengeschichten um den Herzog und "seinen" Löwen bildeten. Manche glaubten gar, der Löwe habe wirklich existiert.

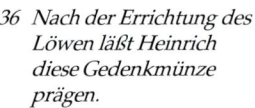

36 Nach der Errichtung des Löwen läßt Heinrich diese Gedenkmünze prägen.

Aber wie kam Herzog Heinrich zu seinem Namen? Er stammte aus einem Geschlecht (d. h. Familie), das sich "Welfen" nannte. Das Wort "Welfe" war gleichbedeutend mit "junger Löwe". Schon seine unmittelbaren Vorfahren traten mit dem Beinamen "leo" (lat. = Löwe) auf.

Ein Löwe macht sich selbständig!

Braunschweig 1980:
Wer holt da den Löwen vom Thron? Einige Menschen machen sich mit Werkzeugen und Kran an dem Löwen zu schaffen. Aber halt, es geht alles mit rechten Dingen zu. Rund 800 Jahre hat der Löwe in zugiger Höhe Wind und Wetter in Löwenmanier getrotzt. Nun zeigt er erste Alterserscheinungen und benötigt eine gründliche Pflege! Das kostbare Material Bronze muß vor dem Verfall geschützt werden. Am besten können das Fachleute, die als Restauratoren ausgebildet sind. Das Städtische Museum Braunschweig, in das der Löwe nun transportiert wird, besitzt eine solche Restaurierungswerkstatt. Doch was wird mit solch einem großen Bronzelöwen dort eigentlich gemacht? Der Löwe zeigt erhebliche Verwitterungsspuren vor allem durch die Verunreinigungen in der Luft. Hier in der Restaurierungswerkstatt wird der Löwe erst einmal vorsichtig gereinigt. Das heißt, die oberste Schicht, die sich auf dem Bronzekörper gebildet hat (Korrosionsschicht), wird abgenommen. Die Restauratoren arbeiten mit sehr feinen Skalpellen, wie sie von Chirurgen in Krankenhäusern benutzt werden.

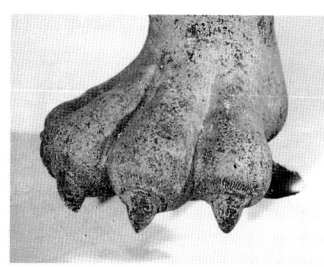

39 Löwenzehen in Nahaufnahme.

Um auch unter die Tatzen zu gelangen, wird eigens für den Löwen ein Drehapparat gebaut. Der Löwe erhält gründliche Waschungen von außen, und von innen wird er ebenfalls durchgespült. Die kleinen Risse in der Bronze müssen ausgebessert werden, die gesamte Figur erhält eine schützende und wetterbeständige Behandlung. Die Restaurierungszeit dauert drei Jahre. Heute befindet sich eine Kopie auf dem Braunschweiger Burgplatz, denn man will den Löwen nicht mehr den schädlichen Umwelteinflüssen aussetzen.

38 Mit Hilfe eines Hebekrans wird der 880 kg schwere Löwe verladen und in die Restaurierungswerkstatt des Städtischen Museums in Braunschweig transportiert.

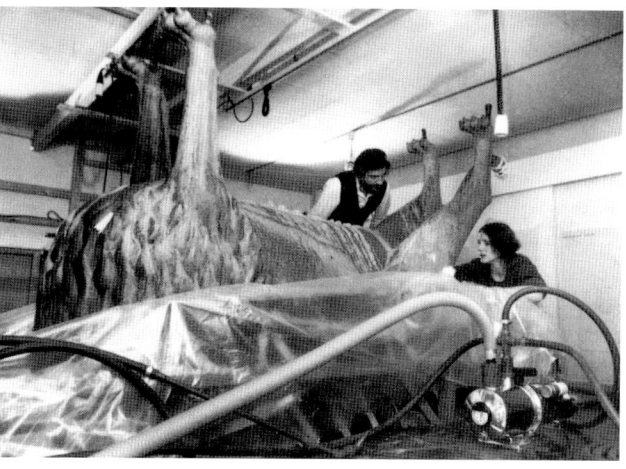

37 Der Löwe in der Restaurierungswerkstatt.

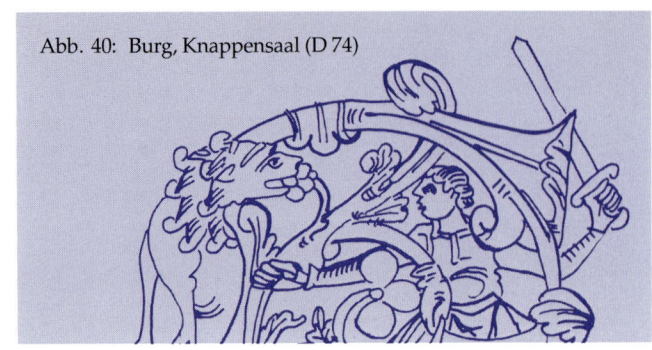

Der Sturz des Löwen

Die Gelnhäuser Urkunde von 1180

Die berühmte Gelnhäuser Urkunde, die wir Euch in diesem Kapitel etwas näher vorstellen wollen, markiert einen wichtigen Punkt in dem Prozeß, der das Ende der "Karriere" Heinrichs des Löwen bedeutete und zu seiner Absetzung als Herzog führte. Leider ist die Urkunde seit dem Ende des Zweiten Weltkrieges verschollen; doch sie war zum Glück vorher fotografiert und genau erforscht worden, so daß wir ganz gut über sie Bescheid wissen.

Was ist eine Urkunde?

Eine Urkunde ist ein Schriftstück, das über wichtige Handlungen oder Beschlüsse Auskunft gibt, die - vor allem aus rechtlichen Gründen - wahrheitsgetreu an die Nachwelt überliefert werden sollen. Meist ist die Urkunde in bestimmten Formen gehalten, und sie wird in der Regel beglaubigt, z. B. durch ein Siegel. Im frühen und hohen Mittelalter, als Schreibstoff teuer war und nur wenige Menschen schreiben konnten, wurden meist nur die bedeutsamen Ergebnisse von längeren Beratungen und Verhandlungen in Urkunden schriftlich festgehalten.

Wenn Ihr Euch das Foto der Gelnhäuser Urkunde anseht, könnt Ihr feststellen, daß zwei Zeilen in besonders großer Schrift - in sogenannter Gitterschrift - geschrieben sind. Es handelt sich dabei zum einen um die Anfangszeile, in der der Name Gottes (der Dreifaltigkeit = Trinität) angerufen wird und in der auch Name und Titel des "Ausstellers", des Auftraggebers der Urkunde, in diesem Fall des Kaisers, genannt werden. Zum anderen ist es (gegen Ende der Urkunde) die Zeile, die auf das Handzeichen des Kaisers hinweist, das sich dann auch rechts davon anschließt. Dieses Handzeichen oder Monogramm stellt gewissermaßen die Unterschrift des Herrschers dar. Er verband die Buchstaben mit einem sogenannten Vollziehungsstrich und machte die Urkunde damit gültig. Versucht einmal, die einzelnen Buchstaben des Monogramms her-auszubekommen! Sie ergeben zusammen einen Namen und einen Titel, allerdings beides in lateinischer Sprache!

Im folgenden geben wir Euch erst einmal den Text der Urkunde in deutscher Übersetzung wieder - im Original ist sie in lateinischer Sprache geschrieben:

"Im Namen der heiligen und ungeteilten Dreifaltigkeit. Friedrich, durch das Walten von Gottes Gnaden Römischer Kaiser, allzeit Mehrer des Reiches. Weil das menschliche Gedächtnis vergeßlich und den wirren Ereignissen nicht gewachsen ist, hat die selige Hoheit der Vorgänger Unserer Zeit, der seligen Kaiser und Könige beschlossen, in Schriftstücken aufzuzeichnen, was das Altern der fließenden Zeitläufe dem Wissen der Menschen zu entziehen pflegt.

Daher möge die Gesamtheit aller gegenwärtigen und zukünftigen Getreuen des Reiches wissen: Heinrich, ehemals Herzog von Bayern und Westfalen, wurde
- deswegen, weil er die Freiheit der Kirchen Gottes und der Edlen des Reiches durch gewaltsame Beschlagnahme ihrer Güter und Beschneidung ihrer Rechte schwer bedrückt hatte,
- aufgrund einer dringenden Klage der Fürsten und sehr vieler Edler,
- daß er, mit gerichtlicher Vorladung gerufen, es abgelehnt habe, sich Unserer Hoheit zu stellen, und wegen dieser Widerspenstigkeit dann von Seiten der Fürsten und schwäbischen Standesgenossen einem Spruch auf Unsere Acht verfallen sei
- ferner, weil er nicht abgelassen hat, gegen die Kirchen Gottes und gegen die Rechte und Freiheiten von Fürsten und Edlen anzugehen
- wegen des Unrechts an ihnen

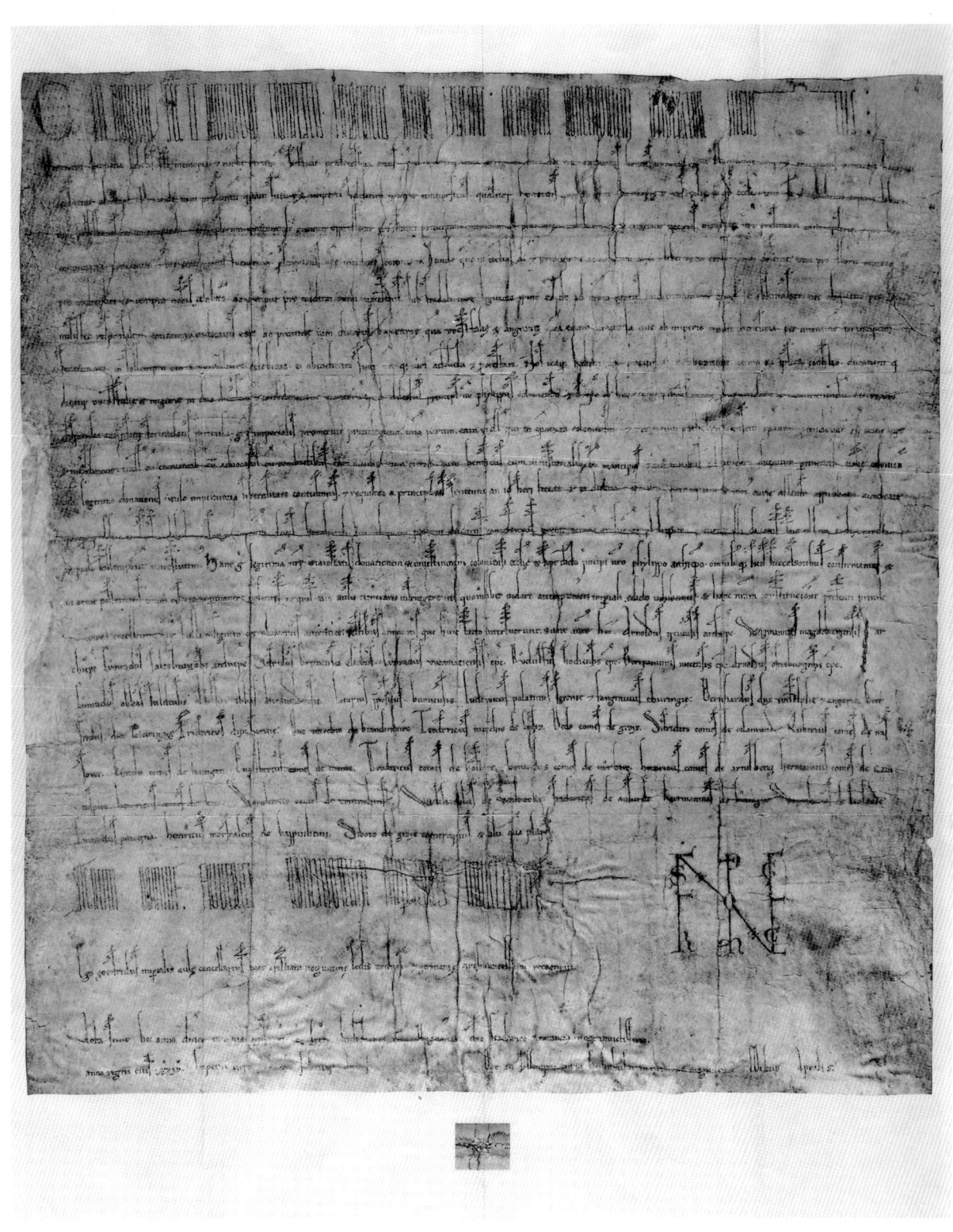

40 Ein bedeutsames Dokument: die Gelnhäuser Urkunde aus dem Jahre 1180. Die Urkunde ist leider nur noch als Foto überliefert.

- sowie wegen der mannigfach gezeigten Mißachtung gegenüber Uns selbst
- und besonders wegen solcher erwiesenen Verletzung der kaiserlichen Hoheit
- nach Lehnrecht mit gesetzlich vorgeschriebenem dreifachem Ladungsbefehl vor Unser Hofgericht geladen, und
- deswegen, weil er ferngeblieben sei und keinen Bevollmächtigten an seiner Statt geschickt habe
- für widerspenstig erachtet;
und daher wurden ihm das Herzogtum Bayern und Westfalen samt Engern sowie sämtliche Lehen, die er vom Reiche innehatte, durch einhelligen Urteilsspruch der Fürsten auf dem zu Würzburg feierlich abgehaltenen Hoftag aberkannt und Unserem Recht und Besitz zugesprochen.

Nach stattgefundener Beratung mit den Fürsten und auf deren gemeinsamen Rat hin haben Wir daher das Herzogtum namens Westfalen und Engern in zwei Teile geteilt; und in Anbetracht der Verdienste, mit denen sich Unser lieber Fürst Philipp, Erzbischof von Köln, bei Förderung und Erhaltung der Ehre der Kaiserkrone, wo er weder Schaden am Besitz noch Gefahren für ihn selbst fürchtete, das Vorrecht kaiserlicher Gnade verdient hat, haben Wir den einen Teil und zwar der sich in das Bistum Köln und über das ganze Bistum Paderborn erstreckte, mit allem Recht und aller Herrschaft - also mit den Grafschaften, Vogteien, Geleitrechten, Hufen, Höfen, Dienstmannen, Hörigen und allen Rechten, die zu diesem Herzogtum gehören - der Kölner Kirche rechtmäßig geschenkt und in kaiserlicher Freigebigkeit verliehen.

Und nachdem von den Fürsten ein Rechtsspruch erbeten worden war, ob dies so geschehen dürfe, und dieser von ihnen ausgesprochen und mit allgemeiner Zustimmung der Fürsten und des ganzen Hoftages gebilligt worden war - wobei noch die öffentliche Zustimmung Unseres lieben Verwandten, des Herzogs Bernhard, dem Wir den anderen Teil des Herzogtums überlassen haben, hinzukam -, haben Wir den zuvor genannten Erzbischof Philipp mit dem Anteil am Herzogtum, der seiner Kirche übertragen wurde, mit der kaiserlichen Fahne feierlich belehnt.
(...)
Handzeichen des Herrn Friedrich, des unüberwindlichsten Römischen Kaisers.
Ich Gottfried, Kanzler des Kaiserlichen Hofes, habe in Vertretung Christians, des Erzbischofs des Mainzer Stuhles und Erzkanzlers für Deutschland, die Ausfertigung beglaubigt.

Geschehen ist dies im Jahre der Geburt des Herrn

1180, in der 13. Indiktion, unter der Herrschaft des Herrn Friedrich, des unüberwindlichsten Römischen Kaisers, im 29. Jahr seines Königtums und im 26. seines Kaisertums; Heil und Segen. Amen.

Gegeben auf dem feierlichen Reichstag zu Gelnhausen, auf Mainzer Gebiet, am 13. April."

Q4   Urkunden Kaiser Friedrichs I.

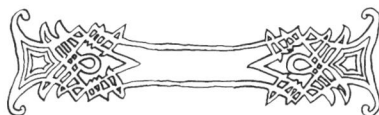

Erläuterungen zu in der Urkunde verwendeten Begriffen:

Acht, Verfestung, Reichsacht, Aberacht:
Ein Mensch, über den die Acht verhängt wurde, wurde friedlos und rechtlos, er war "vogelfrei" und jederman konnte ihn straflos töten. Die Verfestung war eine vorläufige und beschränkte Acht nach sächsischem Recht. Der Verfestete behielt seine Rechtsfähigkeit und sein Vermögen, konnte aber gebunden vor Gericht gebracht werden, wo er wie ein erwiesener Täter behandelt wurde. Stellte sich der Verfestete nicht innerhalb bestimmter Zeit, wurde über ihn die Reichsacht verhängt, d. h. die Bedingungen der Verfestung galten für das ganze Reichsgebiet. Blieb jemand über Jahr und Tag in der Reichsacht, so verhängte der König über ihn die Aberacht, die eigentliche Acht, mit der er für vogelfrei erklärt wurde.

Dienstmannen:
Unfreie (selten auch freie) Leute, die von ihrem Herrn zu ehrenvollen Diensten (z. B. am Hofe oder im Krieg) herangezogen wurden.

Geleitrecht:
Das Recht, den durch ein bestimmtes Gebiet Reisenden zum Schutz eine bewaffnete Mannschaft zu stellen und dafür Geleitsgeld (Schutzgeld) zu kassieren.

Höriger:
Unfreier, der vom Grundherrn abhängig war, ihm bestimmte Dienste und Abgaben zu leisten hatte und zusammen mit dem Land, auf dem er lebte und arbeitete, verkauft, verpfändet oder verschenkt werden konnte.

Hufe:

Maß für die Größe eines Landstückes, das ursprünglich einem Besitzer oder Pächter zustand; gleichzeitig Maßeinheit für die Besteuerung bzw. die Leistung bestimmter Abgaben oder Dienste. Innerhalb einer Gemarkung einigermaßen gleich, waren die Hufen sonst von sehr verschiedener Größe, im Durchschnitt in älterer Zeit etwa 7-8 Hektar.

Indiktion:

Häufige Jahresbezeichnung im Mittelalter mit einem 15jährigen Zyklus, der - zurückgerechnet - drei Jahre vor der christlichen Zeitrechnung beginnt.

Rechenaufgabe. Der Indiktionszyklus stand so mit den Jahren nach Christi Geburt in Verbindung, daß bei der Teilung der um drei vermehrten Jahreszahl durch 15 der nicht mehr teilbare Rest die Zahl der Indiktion ergibt, die mit ihrem größten Teil in das betreffende Jahr fällt. In welche Indiktion fällt das Jahr 1995? (Vorsicht: Diese Aufgabe ist nicht mit dem Taschenrechner zu lösen!)

Lehen:

Land oder Rechte, die ein Fürst (König, Herzog, Bischof o. ä.) einem Vasallen übergibt, der ihm dafür zur Treue verpflichtet ist und Dienste (vor allem Hofdienst oder Kriegsdienst) zu leisten hat.

Hoftag und Reichstag:

An Hoftagen, die häufig mit hohen Kirchenfesten zusammenfielen, versammelten sich am Hofe des Königs die hohen "Beamten", kirchliche Würdenträger (Bischöfe, Äbte), Vasallen u. a. Sie berieten den Herrscher bei der Beschlußfassung und beim Erlassen der Gesetze.
Reichstage waren bis ins 12. Jahrhundert nur Hoftage von allgemeiner Bedeutung.

Vogtei, Vogt:

Vögte vertraten anfangs als Laien die Kirchen oder Klöster in weltlichen Angelegenheiten und verwalteten das Kirchengut. Im weltlichen Bereich waren Vögte im Mittelalter so etwas wie Beamte (häufig zugleich als Verwalter und als Richter), die in einem bestimmten Bereich (Vogtei) für den König, einen Landesherrn oder andere Herren die Amtsgeschäfte wahrnahmen.

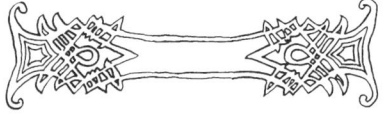

Soweit die etwas langatmige Urkunde, wobei wir die Bekräftigungsformel und die lange Zeugenliste noch weggelassen haben. Versucht doch einmal, die wichtigen Inhalte aus der damals auch schon "bürokratischen" Sprache der Verwaltung mit eigenen Worten knapp zusammenzufassen!

_____

_____

_____

_____

_____

_____

_____

_____

_____

Es geht in der Urkunde, die im April des Jahres 1180 auf einem Reichstag in Gelnhausen (etwa 40 Kilometer östlich von Frankfurt a. M. gelegen) abgefaßt wurde, darum, daß Heinrich dem Löwen seine Herzogtümer Bayern und "Westfalen samt Engern" (auch: Herzogtum Sachsen) aberkannt worden sind und daß das Herzogtum Sachsen in zwei Teile geteilt wird. Der westliche Teil - im Bereich der Bistümer Köln und Paderborn - wird an Philipp, den Erzbischof von Köln, als Herzogtum Westfalen übertragen. Dieser Regelung, so die Urkunde, hat auch Bernhard (aus der Fürstenfamilie der Askanier) zugestimmt, der den östlichen Teil von Heinrichs sächsischem Herzogtum zugesprochen bekommt. (Eine Karte der Herzogtümer Heinrichs des Löwen findet Ihr im Kapitel: "Im Profil: Heinrich der Löwe".)

Wie kam es nun zu diesem dramatischen "Sturz Heinrichs des Löwen"? Auch darüber unterrichtet uns die Gelnhäuser Urkunde in ihrem ersten, erzählenden Teil. Heinrich hatte immer wieder Ärger mit den benachbarten Fürsten - mit Herzögen, Grafen, Bischöfen u. a. - bekommen, vor allem durch sein rücksichtsloses und oft gewalttätiges Vorgehen. Von "gewaltsame(r) Beschlagnahme ihrer Güter und Beschneidung ihrer Rechte" ist im Text die Rede. Oft hatte sein Vetter, Kaiser Friedrich I., ihn gegen die Anklagen seiner Gegner unterstützt. Doch nachdem Heinrich ihm 1176 in dem Ort Chiavenna die Hilfe bei einer Heerfahrt nach Italien, zu der er rein rechtlich gesehen auch nicht verpflichtet war, verweigerte, verschlechterte sich das Verhältnis zwischen den beiden mächtigen Cousins. Friedrich hatte nämlich ohne Heinrichs Hilfe in Italien eine Niederlage hinnehmen müssen. Von diesen familiären Mißstimmungen steht allerdings nichts in der Urkunde.

Diese berichtet nur von den rechtlich bedeutsamen Tatsachen. Danach haben die "Fürsten und viele Edle" (= Adlige) Heinrich wegen seines gewaltsamen Vorgehens gegen die Kirche und "die Edlen des Reiches" angeklagt. Dies war erstmals auf einem Reichstag in Speyer im November 1178 der Fall, auf dem allerdings auch eine Klage Heinrichs gegen Erzbischof Philipp von Köln und Bischof Ulrich von Halberstadt vorgetragen wurde. Auf dem Reichstag in Worms im Januar 1179 sollte Heinrich sich rechtfertigen, erschien aber nicht. Auch an dem folgenden Reichstag im Juni 1179 nahm Heinrich nicht teil, und deshalb wurde die Reichsacht über ihn verhängt. Nachdem Heinrich auch den nächsten Reichstag in Kayna (bei Gera) "schwänzte", wurde auf dem folgenden Reichstag in Würzburg im Januar 1180 der Urteilsspruch gefällt, daß ihm die beiden Herzogtümer Bayern und Sachsen sowie alle Reichslehen aberkannt wurden.

Der entscheidende Rechtsgrund für den Urteilsspruch war also, wie in der Gelnhäuser Urkunde mitgeteilt wird, daß Heinrich "nach Lehnrecht mit gesetzlich vorgeschriebenem Ladungsbefehl vor unser Hofgericht geladen, (...) ferngeblieben sei und keinen Bevollmächtigten an seiner Statt geschicket habe". Diese "Widerspenstigkeit" wird vom Kaiser und den Fürsten bestraft. Wichtig ist dabei, daß die Fürsten in ihrer Gesamtheit den Urteilsspruch fällen und nicht etwa der Kaiser alleine. Bei der Verhängung der Reichsacht werden gesondert auch die "schwäbischen Standesgenossen" Heinrichs erwähnt. Da die Welfen - wie die Staufer - ursprünglich aus Schwaben stammen, hätte Heinrich sich darauf berufen können, nach schwäbischem bzw. alemannischem Recht behandelt zu werden; denn noch existierten verschiedene alte "Stammesrechte" nebeneinander. Für die Sachsen galt beispielsweise das Recht, das einige Jahrzehnte später von Eike von Repgow im "Sachsenspiegel" aufgezeichnet wurde.

Im folgenden seht Ihr eine Abbildung aus dem "Sachsenspiegel", die zeigt, wie der König verschiedene Vasallen belehnt, d. h. ihnen Herzogtümer, Grafschaften, sonstige Güter oder bestimmte Rechte verleiht. Dafür sagen diese ihm die Treue und bestimmte Dienste zu.

Symbolisch bekommen die geistlichen Vasallen (Bischöfe und Äbte) Zepter und die weltlichen Fahnen verliehen, so wie in der Gelnhäuser Urkunde auch die Rede davon ist, daß Erzbischof Philipp "mit dem Anteil am Herzogtum, der seiner Kirche übertragen wurde, mit der kaiserlichen Fahne feierlich belehnt" wurde. Das neue Herzogtum Westfalen war also ein weltliches Fahnlehen des Kaisers.

41 Mit Zepter und Fahne - Der König belehnt geistliche und weltliche Fürsten. Bild aus dem Sachsenspiegel, dessen Text um 1240 entstanden ist.

Die Beschlüsse des Würzburger und des Gelnhäuser Reichstags bedeuteten in ihrer Konsequenz die Entmachtung Heinrichs des Löwen. Doch stand diese erst einmal nur auf dem Pergament. Sie mußte noch politisch und vor allem militärisch durchgesetzt werden, denn so leicht gab sich der Löwe nicht geschlagen. In Gelnhausen wurde die Reichsheerfahrt gegen Heinrich für den Sommer 1180 angesagt. Die Kämpfe brachen aber schon Ende April in Sachsen aus. Sie dauerten über ein Jahr. Kaiser Friedrich Barbarossa beteiligte sich persönlich sowohl im Sommer 1180 wie im Sommer 1181 an den Feldzügen. Heinrich gab erst auf, als Friedrich im August 1181 Lübeck hatte einnehmen können.

Im November 1181 erschien Heinrich der Löwe auf dem Hoftag in Erfurt und unterwarf sich der Gnade des Kaisers. Vor etwa hundert Jahren hat man sich diese Szene so ausgemalt, wie Ihr sie auf dem nebenstehenden Gemälde sehen könnt. (Übrigens: Die Fürsten und Bischöfe sind auf diesem Bild meist ziemlich alt und mit mächtigen Bärten dargestellt, was sicher nicht der Wirklichkeit des Jahres 1181 entspricht.)

Der Kaiser und die Fürsten bestätigten in Erfurt die Aberkennung der Herzogtümer und der übrigen Reichslehen; sie hoben jedoch die Reichsacht über Heinrich auf, so daß

42 *Ein schwerer Gang! - Heinrich bittet Barbarossa in Erfurt um Gnade. Ein Gemälde aus dem 19. Jahrhundert.*

er über seine Eigengüter, und das war noch eine Menge an Land und Leuten, Burgen, Städten, Rechten, wieder frei verfügen konnte. Er mußte allerdings für drei Jahre das Land verlassen und zu seinem Schwiegervater, König Heinrich II., nach England ins Exil gehen. Er hatte im Kampf um die Macht zu hoch "gepokert" und verloren.

Erst Heinrichs Enkel, Otto das Kind, wurde gut fünfzig Jahre später, 1235, wieder als welfischer Herzog eingesetzt. Allerdings war das damals neu eingerichtete Herzogtum Braunschweig-Lüneburg um einiges kleiner als das Herzogtum Sachsen, das Heinrich der Löwe regiert hatte. Und in Bayern hatten die Welfen überhaupt nichts mehr zu sagen, denn dort regierten nun die Wittelsbacher.

Das Evangeliar Heinrichs des Löwen

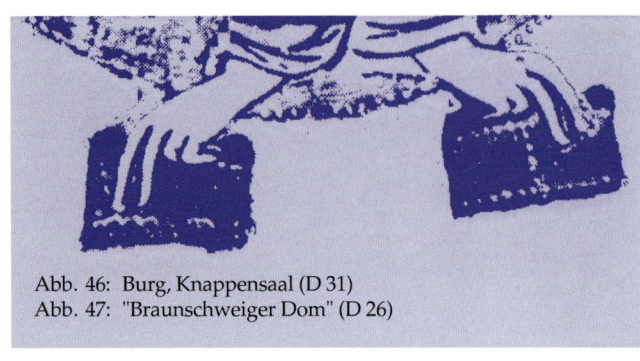

Ein ganz besonderes Buch

Am 6. Dezember 1983 machte der Hammerschlag eines Londoners Auktionators des berühmten Auktionshauses Sotheby's einen Kauf perfekt, der die Öffentlichkeit sehr bewegte. Es bot sich nämlich die Gelegenheit, ein bedeutendes Kulturgut zu erwerben. Für umgerechnet etwa 32,5 Millionen Mark kaufte ein Konsortium, ein Zusammenschluß verschiedener deutscher Geldgeber, das Evangeliar Heinrichs des Löwen.

Als das Buch im Auktionskatalog angeboten wurde, war das eine große Überraschung: Forscher und Wissenschaftler hatten die Spur des Buches verloren und kannten die reichen Bilder des Buches nur von einigen alten Schwarz-Weiß-Fotografien. Wer das Evangeliar über das Auktionshaus versteigern ließ und wo es zwischendurch aufbewahrt wurde, ist aber bis heute ein Geheimnis geblieben.

Nachdem das Buch nach Deutschland zurückgekommen war, wird es nun in der Herzog August Bibliothek in Wolfenbüttel aufbewahrt.

Man nennt das Evangeliar nach Heinrich dem Löwen, weil er die Herstellung des Buches in Auftrag gegeben hat.

Er konnte nicht einfach in den Buchladen gehen und ein Evangeliar kaufen; zu seiner Zeit wurde jedes Buch einzeln mit der Hand geschrieben, manchmal mit Bildern ausgemalt und gebunden. Die Bücher wurden in klösterlichen Skriptorien, in Schreibstuben, von Mönchen angefertigt.

43 Die Versteigerung bei Sotheby's. Der Auktionator steht am Pult und erwartet die Gebote, während ein Angestellter das Evangeliar hochhält.

Der Einband

Von außen sieht das Evangeliar heute anders aus als zur Zeit Heinrichs des Löwen. Wie der ursprüngliche Einband ausgesehen hat, wissen wir nur von dem Widmungsbild, auf dem Heinrich der Löwe ja das Evangeliar in der Hand hält, und im Widmungsgedicht ist sicher nicht umsonst die Rede von einem "goldglänzenden Buch". Einen neuen kostbaren Einband hat das Evangeliar während seines Aufenthaltes in Prag bekommen. Anders als bei Büchern heute bestehen die Buchdeckel aus Holztafeln, die mit Leder bezogen und zusätzlich mit Stoff überspannt sind. Verzierte Beschläge schützen die Ecken des Einbandes, der reich geschmückt ist.

Was ist ein Evangeliar?

Ein Evangeliar ist eine Schrift, die die Worte der Evangelien, wie sie in den vier Berichten des Matthäus, Markus, Lukas und Johannes niedergeschrieben sind, enthält.

Da es seit vielen Jahrhunderten Brauch ist, in der Messe aus den Evangelien vorzulesen, gab es schon früh Bücher, die nur diese Evangelientexte aus der Bibel enthielten. Weil in diesen Büchern "heilige" Texte niedergeschrieben waren, wurden sie oft ganz besonders reich mit Bildern geschmückt und die Einbände der Bücher mit kostbaren Edelsteinen, Silber und Gold verziert.

Ein Evangeliar kommt weit herum

In den vielen Jahrhunderten ist das Evangeliar allerdings nicht immer in Braunschweig geblieben. Es hat schon einige lange und zum Teil auch mysteriöse Reisen absolviert:

Um 1600 taucht das Evangeliar in Besitzlisten des Domkapitels in Prag auf. Es gehört dort zum Schatz der Kathedrale. Wie es aber nach Prag gekommen ist, wissen wir nicht. Vielleicht war es ein Geschenk, möglicherweise ist es auch dorthin verkauft worden. Das Evangeliar bleibt über 260 Jahre in Prag, bis ein bedeutender Sammler mittelalterlicher Kunst aus Hannover versucht, einen Rückkauf zu vermitteln.

Und tatsächlich kann der damalige König von Hannover 1861 das Evangeliar vom Prager Domkapitel zurückerwerben. Der König von Hannover hatte ein "Welfenmuseum" gegründet, und dort wird das Evangeliar, natürlich neben anderen Kunstschätzen, ausgestellt.

Als aber nur einige Jahre später das Königreich Hannover von Preußen besetzt wird, muß der König Hannover verlassen und geht nach Österreich. Das Evangeliar und auch andere Kunstschätze werden ihm als Privatbesitz zugesprochen, und er nimmt sie mit. Dort wird das Evangeliar in Schloß Cumberland bei Gmunden aufbewahrt, deshalb wurde es früher häufig auch das "Gmundener Evangeliar" genannt.

Bis ungefähr 1930 wurde es noch von Wissenschaftlern in Österreich untersucht. Man weiß auch, daß es 15 Jahre später in London fotografiert worden ist. Dann verlieren sich die Spuren. Erst zur Versteigerung in London ist es wieder in Erscheinung getreten.

44 Hier könnt ihr die Reise und die Aufenthaltsorte des Evangeliars in die Karte einzeichnen.

AVREA TESTATVR HEC SI PAGELLA LEGATVR
XPO DEVOTVS HEINRICVS DVX QVIA TOTVS
CVM CONSORTE THORI HIL PTVLIT EIVS AMORI
HANC STIRPS REGALIS HVNC EDIDIT IMPERIALIS
IPSE NEPOS KAROLI CVI CREDIDIT ANGLIA SOLI
MITTERE MATHILDAM SOBOLE QVE GIGNERET ILLAM
PER QVA PAX XPI PATRIE Q SALVS DATVR ISTI
HOC OPVS AVCTORIS PAR NOBILE IVNXIT AMORIS
NA VIXERE BONI VIRTVTIS AD OMIA PRONI
LARGA MANVS QVORV SVPERANS BENEFACTA PRIORV
EXTVLIT HANC VRBEM LOQVITVR QD FAMA P ORBE
SACRIS SCORVM CV RELIGIONE BONORVM
TEPLIS ORNAVIT AC MVRIS AMPLIFICAVIT
INTERQVE XPE FVLGENS AVRO LIBER ISTE
OFFERTVR RITE SPE PERPETVE TIBI VITE
INTER IVSTORV CONSORTIA PARS SIT EORV
DICITE NVNC NATI NARRANTES POSTERITATI
EN HELWARDENSE CONRADO PATRE IVBENTE
DEVOTA MENTE DVCIS IMPERIV PAGENTE
PETRE TVL MONACHI LIBER HIC LABOR E HERIMANNI

45 Das Widmungsgedicht aus dem Evangeliar Heinrichs des Löwen.

Das Widmungsgedicht

Das Evangeliar Heinrichs des Löwen enthält am Anfang ein Widmungsgedicht. Es ist wie alle Texte auf lateinisch geschrieben, aber ganz in goldenen Majuskeln, das sind Großbuchstaben.

Hier ist das Widmungsgedicht übersetzt. Die Sprache und die Formulierungen sind für uns heute nicht immer ganz leicht zu verstehen:

"Diese goldene Seite bezeugt dem Leser, daß der fromme Herzog Heinrich und seine Gemahlin von ganzem Herzen die Liebe zu Christus über alles andere stellten. Von Königen stammt sie ab, er von Kaisern.

Er ist ein Nachkomme Karls. Nur ihm mochte England Mathilda anvertrauen, die ihm die Kinder gebären sollte, durch die diesem Land der Friede Christi und das Heil geschenkt sind. Dieses Buch Gottes vereint das edle Liebespaar. Denn sie führten ein vorbildliches Leben und waren immer bereit, Gutes zu tun. Ihre Freigebigkeit übertraf alle ruhmreichen Taten ihrer Vorgänger. Sie haben diese Stadt glanzvoll erhöht; die Fama verkündet es über den ganzen Erdkreis. Sie haben der Stadt mit geweihten Kirchen und dem Reliquienschatz helfender Heiliger Glanz und Ansehen geschenkt und sie mit weiten Mauern befestigt.

Eines ihrer Geschenke ist dies von Gold glänzende Buch, das dir, Christus, in der Hoffnung auf das ewige Leben feierlich dargebracht wird. Mögen sie in die Schar der Gerechten aufgenommen werden!

Ihr Menschen von heute, kündet es der Nachwelt: Auf Weisung des Abtes Konrad [II.] von Helmarshausen, der in treuem Gehorsam einen Auftrag des Herzogs erfüllte, liegt hier nun, Petrus, dieses Buch vor. Dein Mönch Herimann hat es geschaffen."

Q 5   Widmungsgedicht

Die im Text genannten Namen Herzog Heinrich (HEINRICUS DUX), Mathilde (MATHILDA), Abt Konrad (CONRADO) und Herimann (HERIMANNI) findet Ihr bestimmt im Widmungsgedicht wieder und könnt sie einkreisen oder unterstreichen.

Wenn Ihr das Widmungsgedicht genau lest, findet Ihr bestimmt auch heraus:

1. Was wird über die Familien von Heinrich und seiner Frau Mathilde gesagt?

_____

_____

_____

_____

_____

2. Was hat Heinrich für die Stadt Braunschweig getan?

_____

_____

_____

3. Wer hat das Buch geschaffen, wo und in wessen Auftrag ist es entstanden?

_____

_____

4. An welcher Stelle geht es darum, daß dieses Evangeliar der Kirche gestiftet worden ist?

_____

_____

_____

_____

46 *Das Widmungsbild aus dem Evangeliar Heinrichs des Löwen.*

Das Widmungsbild

Heinrich der Löwe hat dieses Buch nicht für seine eigene private Nutzung in Auftrag gegeben, sondern als Geschenk, als Stiftung für die St.-Blasius-Kirche, die im Bereich seiner Burg Dankwarderode lag und heute noch dort steht. Mit der Stiftung von Büchern, Reliquien, Leuchtern oder Altären taten die Stifter ein "gottgefälliges Werk". Die Priester und Mönche beteten für die Stifter, und die Wohltäter der Kirche hofften auf das ewige Leben.

Das Widmungsgedicht, das schon einige wichtige Hinweise über das Buch geliefert hat, wird durch ein ganzseitiges Bild noch zusätzlich illustriert.

Dieses "Widmungsbild" ist hier wiedergegeben. Es hat einen breiten, reich geschmückten Rahmen und wird von einer schmalen Leiste in zwei gleich große Felder geteilt.

Auf der Leiste sind die unten dargestellten Personen verzeichnet. Man sieht Herzog Heinrich, wie er, mit einem prächtigen Gewand bekleidet, eben dieses "goldglänzende Buch" mit der linken Hand emporhält. Er wendet sich dem heiligen Blasius zu, der neben ihm in bischöflicher Tracht steht. Dieser Heilige weist nach oben in den Himmel auf die Muttergottes. Auf der anderen Seite wird Herzogin Mathilde, auch sie ist kostbar gekleidet, vom heiligen Ägidius geleitet. Vor der Brust Marias schwebt ein kreisrundes Medaillon mit dem Bild des jugendlichen Christus. Neben Maria stehen Johannes der Täufer, mit Fellmantel und Palmzweig abgebildet, und der heilige Bartholomäus mit einem Kreuzstab. Johannes der Täufer und der heilige Blasius wurden durch Heinrich den Löwen zu Hauptpatronen, also zu Schutzheiligen der Kirche St. Blasius, nachdem Heinrich der Löwe nach einer

47 Der Marienaltar von 1188 im "Braunschweiger Dom".

Pilgerreise diese Kirche neu errichten ließ. Maria hält ein Schriftband, auf dem in lateinischer Sprache zu lesen steht: "Kommet zum Reich des Lebens mit meiner Hilfe".

Nun wißt Ihr, welche Personen auf dem Bild dargestellt sind, und könnt es an den Rand schreiben.

Das Widmungsgedicht und das Widmungsbild haben den Forschern allerdings eines nicht verraten, nämlich wann oder zu welchem Anlaß das Buch in Auftrag gegeben wurde. Heute glaubt man aufgrund des Widmungsbildes die Antwort zu kennen. Man sieht wie Heinrich das Buch in der Hand haltend vom heiligen Blasius an der anderen Hand gefaßt wird. Der Heilige deutet mit der freien Hand auf Maria. So hat das Evangeliar offensichtlich etwas mit Maria zu tun. Für die Blasiuskirche hatte Heinrich neben anderen Ausstattungsgegenständen auch einen kostbaren aus Marmor und Bronze angefertigten Marienaltar gestiftet. Wir wissen, daß dieser Altar 1188 vom Bischof Adelog von Hildesheim geweiht wurde. Heute halten es die Forscher für wahrscheinlich, daß das Evangeliar für diesen Altar in Auftrag gegeben wurde - also in der Zeit kurz nach 1188. Das Buch ist somit über 800 Jahre alt.

Eine Krone für das Himmelreich

Hier in der Ausstellung ist das Evangeliar allerdings nicht beim Widmungsbild, sondern an einer anderen Stelle aufgeschlagen, beim "Krönungsbild". Warum das Bild so genannt wird, ist leicht zu erkennen. Im unteren Teil des Bildes sehen wir Herzog Heinrich knien, ihm gegenüber kniet seine Frau Mathilde. Über ihren Köpfen wird aus einem Himmelskreis von zwei Händen jeweils eine Krone gehalten. Heinrich und Mathilde halten jeder ein goldenes Kreuz in der Hand. Auf dem weißen Querstreifen, der das Bild in zwei Hälften teilt, stehen die Namen von Heinrich und Mathilde und die Namen der anderen Personen, die beim Empfang der Kronen dabei sind. Neben Heinrich stehen seine Eltern und seine Großeltern mütterlicherseits. Neben Mathilde stehen ihr Vater, König Heinrich II. von England, und dessen Mutter, die auch Mathilde heißt, neben ihr eine unbekannte Frau. In der oberen Hälfte sehen wir Christus und links und rechts neben ihm zwei Engel. Darunter sind die Heiligen des "Braunschweiger Doms" und Heilige, die Herzog Heinrich und seine Frau besonders verehrt haben, abgebildet.

48 Die untere Hälfte des Krönungsbildes aus dem Evangeliar Heinrichs des Löwen.

Das Krönungsbild hat immer wieder Anlaß zu Spekulationen gegeben. Im Bild wird auf die kaiserliche Abstammung Heinrichs und die königliche Familie Mathildes hingewiesen. So versuchten manche Forscher, aus dem Bild einen Anspruch Heinrichs auf die Königskrone abzulesen. Doch die Texte auf den Schriftbändern in den Ecken und dem Schriftband, das Christus vorweist, deuten eher darauf hin, daß hier die Kronen des ewigen Lebens dem Herrscherpaar aus dem Himmel gereicht werden, und so haben wir es ja auch schon im Widmungsgedicht gelesen. Dieses "goldglänzende Buch" wurde von Herzog Heinrich und Herzogin Mathilde in der Hoffnung auf das ewige Leben gestiftet.

In das Krönungsbild haben sich 8 Fehler eingeschlichen. Beim Vergleich mit dem Original in der Ausstellung oder der Abbildung links findet Ihr sie bestimmt!

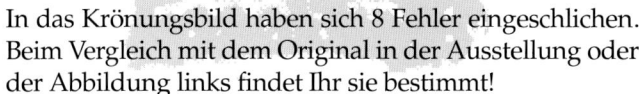

49 Hier haben sich 8 Fehler eingeschlichen.

Von Tintenhörnern und Federkielen

Das Buch, das Ihr hier gerade in den Händen haltet, wurde wie fast alle Bücher heute am Computer geschrieben. Die einzelnen Seiten wurden so lange am Bildschirm bearbeitet, bis das Buch seine endgültige Gestalt hatte. Und wenn sich einmal ein Rechtschreibfehler eingeschlichen hatte oder etwas vergessen wurde, machte das nicht so viel aus, denn am Computer waren solche Versehen schnell zu beheben. Als die Kapitel dann endgültig fertig waren, wurde das Buch auf eine große Diskette gespeichert und so in die Druckerei gebracht. Dort konnten mit einem besonderen Computer die sogenannten Satzfilme direkt belichtet werden. Von diesen besonderen Folien wurden dann die Seiten dieses Buches tausendfach gedruckt.

Zur Zeit Heinrichs des Löwen mußte noch jedes Buch einzeln mit der Hand geschrieben werden. Und da es noch keine Druckereien und erst recht keine Kopierer gab, mußte auch jedes Buch einzeln handschriftlich vervielfältigt werden. Das Schreiben und Abschreiben der Bücher fand zum größten Teil in Klöstern statt, denn nur wenige Menschen konnten schreiben. Zu einem gut ausgestatteten Kloster gehörte also eine Schreibstube, ein Skriptorium. Die Arbeit der Schreiber- und Künstlermönche war nicht immer leicht, und so klagte ein Schreiber vor vielen Jahrhunderten:

"O glücklichster Leser, wasche Deine Hände und fasse so das Buch an, drehe die Blätter sanft, halte die Finger weit ab von den Buchstaben. Der, der nicht weiß zu schreiben, glaubt nicht, daß dies eine Arbeit sei. O wie schwer ist das Schreiben: es trübt die Augen, quetscht die Nieren und bringt zugleich allen Gliedern Qual. Drei Finger schreiben, der ganze Körper leidet (...)."

Q 6   Unbekannter Schreiber

50 Viele Stunden mußten die Schreiber an ihren Pulten arbeiten. Zeichnung nach einer Handschrift Mitte 11. Jahrhundert.

Der Mönch hatte sicher Grund zur Klage. Was hat wohl zu getrübten Augen und schmerzenden Nieren und Gliedern geführt? Vergleicht dazu auch seinen Arbeitsplatz mit modernen Büros heute.

51 Hier ist im Evangeliar Heinrichs des Löwen der Evangelist Markus als Schreiber dargestellt.

Das Handwerkszeug der Schreiber

Auf dem Bild auf der vorigen Seite ist ein Evangelist als Schreiber dargestellt. Es stammt aus dem Evangeliar Heinrichs des Löwen. Wenn Ihr genau hinschaut, könnt Ihr einen Teil seines Handwerkszeuges erkennen:

Federkiele

Er hält eine Schreibfeder in der Hand, die gerade mit dem Federmesser neu angespitzt wird. Federkiele zum Schreiben wurden am häufigsten aus Gänsefedern hergestellt, aber auch Schwanen- oder Adlerfedern konnten dafür benutzt werden. Nicht jede Feder ist als Schreibfeder geeignet, da der Kiel, also das untere Ende, recht dick und stabil sein muß.

52 Das Federmesser ist in Gebrauch. Ausschnitt aus dem Bild des Evangelisten Markus.

Federmesser

Das Federmesser war nicht nur dazu da, die Feder, wenn sie stumpf geworden war, neu zurechtzuschneiden, mit dem Federmesser konnte auch vorsichtig radiert werden: Dazu schabten die Schreiber die Tinte ganz behutsam wieder vom Blatt ab.

54 Das aufgespannte Pergament wird mit einem Schabeisen geschabt. Zeichnung nach einer Bamberger Handschrift aus dem 12. Jahrhundert.

Pergament

Diese Blätter, auf die geschrieben wurde, waren allerdings nicht aus Papier, so wie wir es heute kennen. Geschrieben wurde auf Pergament, das ist dünn geschabte Tierhaut. Am besten geeignet ist die Haut von Ziegen, Schafen oder Kälbern. Dadurch hat Pergament auch immer eine bräunliche Farbe. Schon vor über tausend Jahren wurde schriftlich festgehalten, wie Pergament hergestellt wird:

53 Radiermesser. Ausschnitt aus dem Bild des Evangelisten Lukas.

"Vom Pergament. Wie Pergament hergestellt werden soll: Lege (die Haut) in Kalkwasser und lasse sie drei Tage in ihm liegen; spanne sie dann in einem Gestell aus, schabe sie auf beiden Seiten mit einem scharfen Messer ab und lasse sie trocknen (...)."

Q 7   Italienische Handschrift um 800

55 Ein Pergamentmacher verkauft einem Mönch Pergament. Zeichnung nach einer Hamburger Handschrift von 1255.

Tinte und Tintenhörner

56 Ein Schreiber brauchte mindestens zwei Tintenhörner. Ausschnitt aus dem Bild des Evangelisten Markus.

Die Tinte wurde von den Mönchen selbst hergestellt. Die Texte wurden mit schwarzer oder brauner Tinte geschrieben und besondere Stellen oder Buchstaben mit roter Tinte hervorgehoben.
Ein Schreiber brauchte so mindestens zwei Tintenfässer. Die sahen aber ganz anders aus, als wir sie heute kennen. Glas war natürlich viel zu kostbar, und so wurden die Tinten häufig in Rinderhörnern aufbewahrt. Die hohlen Hörner steckten mit der Spitze in Brettern oder Gestellen, damit sie nicht umfielen. Hier auf dem Ausschnitt könnt Ihr solche Tintenhörner sehen.

Schreibpult

Die Schreiber saßen an einem Schreibpult, auf dessen geneigte Fläche das Pergament gelegt wurde. Auf dem Ausschnitt seht Ihr keinen dressierten Löwen, der das Blatt hält, sondern ein Schreibpult, dessen Ständer in Form eines Löwen besonders kunstvoll geschnitzt ist.

57 Ausschnitt aus dem Bild des Evangelisten Markus.

Schrift

Die Texte wurden in lateinischer Sprache geschrieben. Anders als bei uns heute, wo es ja großgeschriebene und kleingeschriebene Wörter gibt, wurde zur Zeit Heinrichs des Löwen alles kleingeschrieben. Nur Überschriften und Initialen, das sind besonders verzierte Buchstaben am Anfang einer Zeile, wurden in Großbuchstaben geschrieben, oder wenn etwas besonders hervorgehoben werden sollte.

Eine der mittelalterlichen Schriftarten nennt man die karolingische Minuskel, Minuskel heißt Kleinbuchstabe. So sieht sie aus:

abcdefghíj
klmnopqr
sſtuvwxyz

58 Ein Alphabet in karolingischer Minuskel.

59 Dieses große "S" ist besonders kunstvoll verziert und wartet nur darauf, farbig ausgemalt zu werden. Zeichnung nach einer französischen Handschrift Mitte 11. Jahrhundert.

Initialen

Bei dem Text zur Pergamentherstellung ist schon so ein verzierter Buchstabe zu sehen. Manchmal ist eine ganze Szene dargestellt, oder die Buchstaben sind mit Tier- oder Pflanzendarstellungen geschmückt. Welche Buchstaben kann man hier erkennen?

60 Initialen aus dem Evangeliar Heinrichs des Löwen.

Eine Schreibfeder herstellen

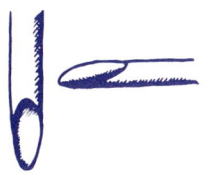

Fahne
Bart
Kiel

Zuerst wird der Federkiel in Wasser eingeweicht, bis er gleichmäßig weiß erscheint. Die Mönche haben ihn früher in heißem Sand wieder gehärtet, das diente der Haltbarkeit. Wir verzichten auf das Härten und schneiden gleich "Fahne" und "Bart" der Feder ab, so stören sie nicht beim Schreiben.

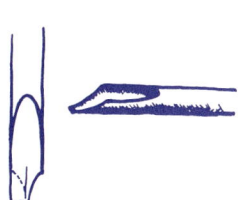

Die Spitze des Federkiels wird dann schräg abgeschnitten.

In die Mitte der langen Seite wird ein Schlitz eingeschnitten. Nun müssen die linke und rechte Seite des Schlitzes zurechtgeschnitten werden. Beide Seiten sollten gleich sein.

Zum Schluß die Spitze schräg oder gerade abschneiden.

Tinte herstellen

Tinte konnte aus den verschiedensten Stoffen gewonnen werden, z. B. aus Ruß, Dornen oder Galläpfeln. Hier ist ein relativ einfaches Rezept, für das Ihr Euch die Zutaten in der Apotheke besorgen könnt:

Ihr braucht:

70g	*Blauholzstückchen (Apotheke)*
5 g	*Gummi arabicum (Apotheke)*
300 ml	*Wasser*
1	*Stoffbeutelchen*

Die Blauholzstückchen werden in einen Stoffsack gefüllt und in heißes Wasser gehängt. Dann muß man ein bißchen warten, bis das Wasser farbig ist. Nun kann das Gummi arabicum in das gefärbte Wasser gerührt werden. Das verbessert die Schreibeigenschaft - fertig!

Licht auf sieben Armen

Wer die Stiftskirche St. Blasius, besser bekannt als der "Braunschweiger Dom", betritt, kann ihn nicht übersehen, den mächtigen Siebenarmigen Leuchter! Wie ein Baum ragt er in der Kirche in die Höhe.

Und mache einen Leuchter aus feinem Gold ...

Die besondere auffällige Form des Leuchters blickt auf eine lange Geschichte zurück und wurde immer wieder von Künstlern und Kunsthandwerkern aufgegriffen. Sie folgen in der Grundform alle dem Leuchter im Tempel zu Jerusalem. Solch ein Leuchter ist in der Bibel im 2. Buch Mose beschrieben:

"Du sollst auch einen Leuchter aus feinem Golde machen, Fuß und Schaft in getriebener Arbeit, mit Kelchen, Knäufen und Blumen. Sechs Arme sollen von dem Leuchter nach beiden Seiten ausgehen, nach jeder Seite drei Arme. Jeder Arm soll drei Kelche wie Mandelblüten haben mit Knäufen und Blumen. So soll es sein bei den sechs Armen an dem Leuchter. Aber der Schaft am Leuchter soll vier Kelche wie Mandelblüten haben mit Knäufen und Blumen, und je einen Knauf unter zwei von den sechs Armen, die von dem Leuchter ausgehen. Beide, Knäufe und Arme, sollen aus einem Stück mit ihm sein, lauteres Gold in getriebener Arbeit. Und du sollst sieben Lampen machen und sie oben anbringen, so daß sie nach vorn leuchten, und Lichtscheren und Löschnäpfe aus feinem Golde. Aus einem Zentner feinen Goldes sollst du den Leuchter machen mit allen diesen Geräten."

Q 8   2. Mose 25, 31-39

61 Ein Geschenk Heinrichs des Löwen: der Siebenarmige Leuchter.

62 Mächtig ragt der Siebenarmige Leuchter im "Braunschweiger Dom" in die Höhe.

Heinrich der Löwe hatte die Kirche vor über 800 Jahren neu erbauen lassen, und er gab verschiedene Ausstattungsgegenstände für die neugegründete Kirche in Auftrag.

Was könnten das für Gegenstände gewesen sein, die man brauchte, um die Messe zu feiern?

_____

_____

_____

_____

_____

Neben anderen Dingen stiftete, also schenkte, Heinrich der Löwe auch diesen prachtvollen Leuchter der Braunschweiger Kirche. Er ist der größte erhaltene Leuchter dieser Art mit einer Höhe von 4,80 Metern und einer Spannweite der Leuchterarme von 4,27 Metern. Der Leuchter ist aus Bronze gegossen worden. Das ist ein Metall, das nicht so in der Natur vorkommt, sondern aus der Mischung von Kupfer und Zinn gewonnen wird. Bronze wird bei sehr hohen Temperaturen flüssig, und man kann sie dann in Formen gießen. Wenn die Bronze dann erkaltet, wird sie wieder zu einem haltbaren harten Stoff. Der riesige Leuchter wurde allerdings nicht in einem Stück gegossen. Er wurde aus 77 einzeln angefertigten Stücken zusammengefügt, wobei man die Teile so hergestellt hat, daß man sie zusammenstecken und verkeilen konnte. So sind die Teile ganz fest miteinander verbunden.

Wenn Ihr genau hinschaut, erkennt Ihr zwischen den Armen des Leuchters Halte- und Sicherungsdrähte. Die Drähte waren ursprünglich natürlich nicht nötig, man hat sie erst viel später angebracht, um den kostbaren alten Leuchter zusätzlich zu schützen und zu stützen. Ebenso sieht man ein Eisengerüst im Fuß des Leuchters, das erst viel später eingefügt wurde, da die alte Mittelstütze verloren gegangen war. Auch die Mittelteile zwischen den Leuchterbeinen, die durch herabstürzende Drachen und Löwen gebildet werden, waren verlorengegangen und wurden vor etwa hundert Jahren durch andere Bronzestücke ersetzt. Da war der Leuchter schon ungefähr siebenhundert Jahre alt.

Schätzt selbst, oder fragt Eure Eltern, wie alt der älteste Einrichtungsgegenstand ist, den Ihr zu Hause besitzt!

63 Ein rätselhaftes Wesen scheint in den Wicklungen gefangen zu sein.

Wenn Ihr Euch den Leuchter genau anschaut, werdet Ihr bestimmt diesen "Vogelmenschen" finden. Auf der Skizze am Anfang des Kapitels könnt Ihr dann ungefähr die Stelle mit einem Kreis markieren!

Womit konnten die Menschen vor über 800 Jahren Licht machen?

☐ *Fackel*

☐ *Feuerzeug*

☐ *Öllampe*

☐ *Kerze*

☐ *Glühbirne*

☐ *Streichhölzer*

Knoten und Knospen

Die verdickten "Knoten" am Stamm und an den Lichterarmen nennt man "Knäufe". Jeder Knauf ist noch wie ein Blütenkelch mit Blättern verziert. Einer dieser Knäufe wird der "Evangelistenknauf" genannt nach den Evangelisten des Neuen Testaments der Bibel.

Wieviele Evangelisten gibt es und sind alle dargestellt?

64 Der sogenannte "Evangelistenknauf".

In Stein gehauen für die Ewigkeit

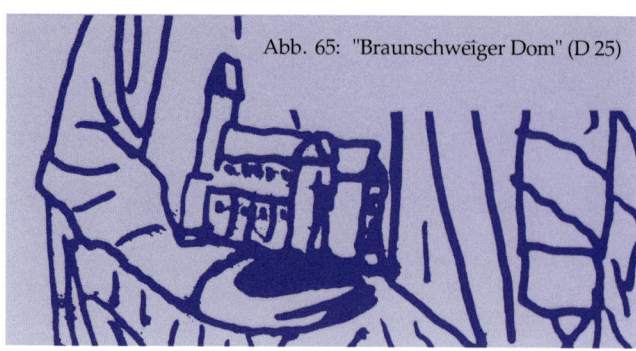

Das Grabmal Heinrichs des Löwen

"In diesen Beschwerden der Krankheit lebte er noch vier Tage, nicht klagend, nicht seufzend, wie meist Kranke zu tun pflegen, aber zuweilen brach er in den Ausruf aus: 'Gott, sei mir Sünder gnädig!' (...) In dieser Zeit ist der berühmte Fürst, Herzog Heinrich, unter den Händen seiner Geistlichkeit, die er selbst zärtlich liebte und die er immer ermahnte auf dem Wege glorreicher Zucht zum Höheren zu streben, aus dieser Welt genommen worden und im 66. Jahre seines Lebens im Herrn, wie wir hoffen, entschlafen. Wie die Seinigen über seinen Tod nicht geringe Trauer hatten, so empfanden seine Feinde große Freude. Jedoch haben wir hernach diejenigen, welche ihn gehaßt, den Ruhm und die Tapferkeit des Fürsten loben hören, und sie wünschten aufs Sehnlichste, daß er lebe. Auf den Händen Weinender ward er in das Münster des Heiligen Blasius, welches er selbst erbaut hatte, getragen und in der Mitte des Estrichs vor dem Kreuze, welches er aufgerichtet, an der rechten Seite seiner Gemahlin, der Herzogin Mathildis, der Tochter des Angelnkönigs, ehrenvoll bestattet, (...)."

Q 9   Gerhard von Steterburg

So berichtet uns Gerhard von Steterburg in einer Chronik vom Ende Heinrichs des Löwen. Gerhard war Propst, d. h. der "Chef" des Stiftes Steterburg bei Wolfenbüttel und gehörte in den letzten Lebensjahren Heinrichs des Löwen zu dessen Vertrauten.

Heinrich der Löwe starb 1195 sechs Jahre nach seiner Frau Mathilde. Das steinerne Grabmal des Herzogspaares, das wir uns hier etwas genauer ansehen wollen, wurde aber erst in der ersten Hälfte des 13. Jahrhunderts über den Gräbern errichtet.

Die beiden Platten mit den Figuren ruhen auf einem steinernen Grabkasten, einer Tumba. Diese Tumba erhöht die Figurensteine; die eigentlichen Gräber liegen aber nicht in dem Grabkasten, sondern darunter, also unterhalb des Fußbodens. Die Figurensteine werden von einem Gitter umgeben und geschützt.

65 So sieht heute das Grabmal im "Dom" aus.

66 Das Grabmal Heinrichs des Löwen und seiner Frau Mathilde wurde in der ersten Hälfte des 13. Jahrhunderts errichtet.

67, 68 Die Köpfe des Herzogspaares.

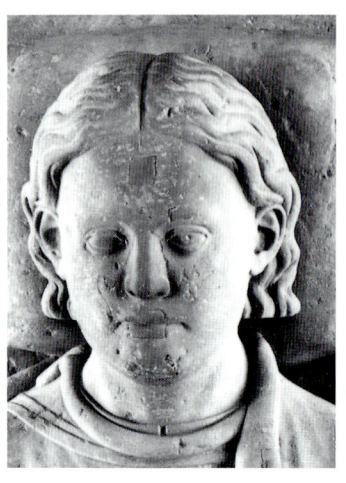

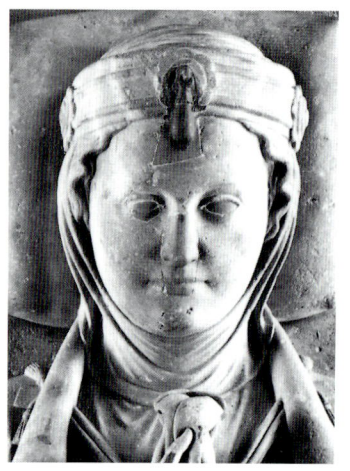

Wenn wir uns die Gesichter von Heinrich und Mathilde anschauen, müssen wir uns klarmachen, daß der Künstler sie nicht ähnlich abgebildet hat. Zum einen hat er den Herzog und seine Frau wahrscheinlich gar nicht gekannt, zum anderen war eine Ähnlichkeit aber auch gar nicht beabsichtigt. Es ging vielmehr darum, das Ideal eines Herzogspaares darzustellen.

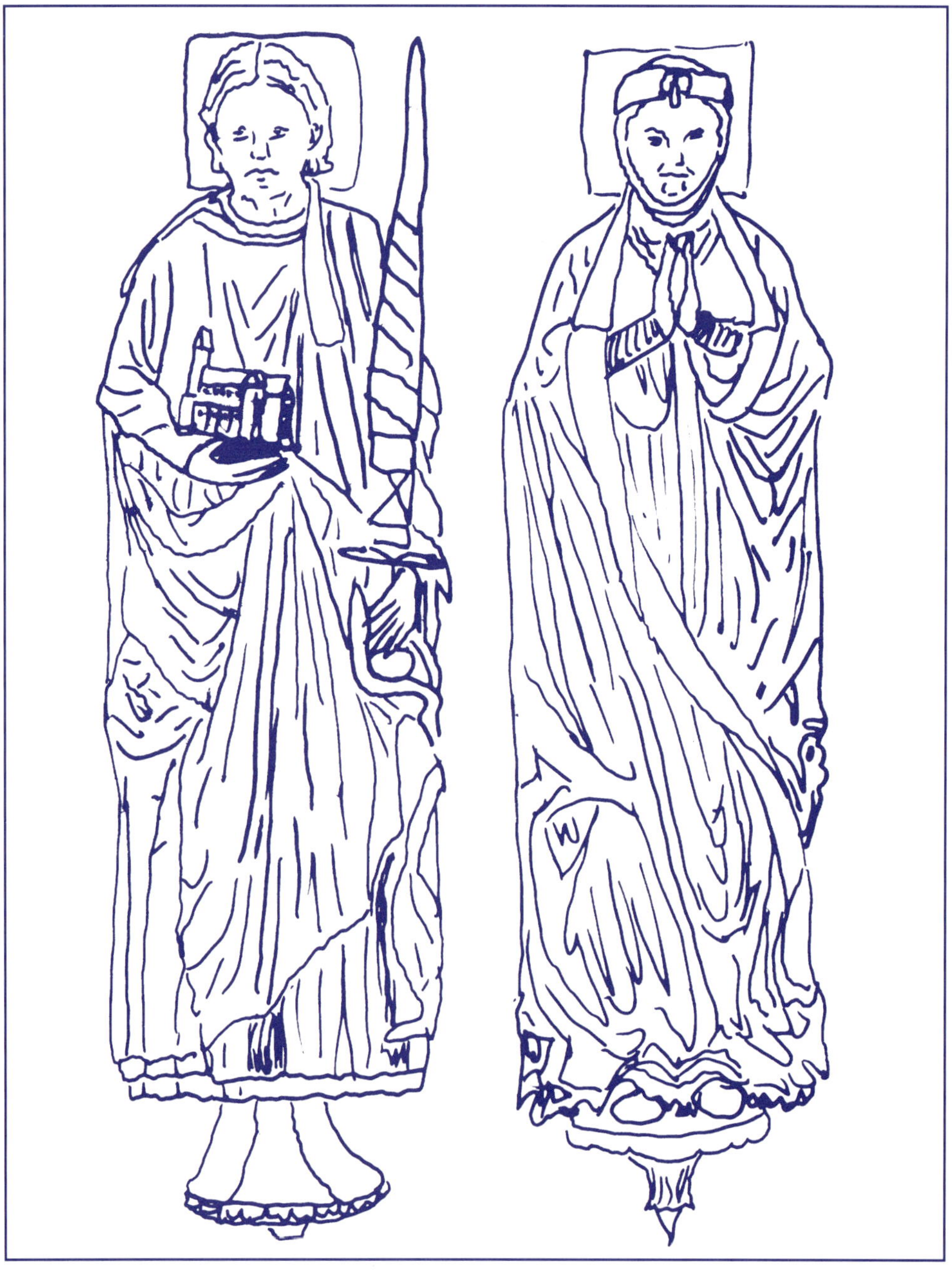

Wahrscheinlich ist der Stein früher farbig bemalt gewesen. Es finden sich heute allerdings keine Spuren von Farbe mehr, so daß man es nicht mit Sicherheit sagen kann. Hier auf der Zeichnung könnt Ihr ausprobieren, wie das Grabmal farbig aussieht. Na, gefällt es Euch mit Bemalung besser?

69 Zeichnung der Grabplatte.

Der Bildhauer, der das Grabmal geschaffen hat, hat die Figuren sehr kunstvoll aus dem Stein herausgearbeitet. Heinrich der Löwe ist als jüngerer Mann dargestellt, bartlos und mit gewelltem Haar. Er trägt reiche höfische Gewänder, die zu Beginn des 13. Jahrhunderts hochmodern waren. Der Mantel fällt in vielen Falten um die Figur und wird von der Hand, die das Kirchenmodell hält, gerafft. An seiner linken Seite liegt Mathilde, die etwas kleiner dargestellt ist als ihr Mann. Sie hat die Hände zum Gebet erhoben und zieht dadurch ihren Mantel etwas herauf. Ihr Kopf ist mit einem feinen Tuch umhüllt und von einem Zierreif umfaßt. Die Perle auf der Stirn ist erst viele Jahrhunderte später hinzugefügt worden - sie gehört also nicht zu dem ursprünglichen mittelalterlichen Kunstwerk.

70 Ein Bildhauer bei der Arbeit.

71 Die rechte Hand hält das Kirchenmodell.

Die Figur Heinrichs des Löwen hält in der linken Hand ein Schwert und in der rechten Hand das Modell der Stiftskirche St. Blasius, die heute meistens "Braunschweiger Dom" genannt wird. Durch diese Beigaben (Schwert und Modell) wird Heinrich der Löwe als Herzog und Stifter der Kirche (er hatte die Kirche neu errichten lassen) charakterisiert. Für die Forscher ist das Kirchenmodell besonders interessant:

weil es helfen kann, sich vorzustellen, wie die Kirche tatsächlich damals ausgesehen hat.

weil es helfen kann, sich vorzustellen, wie die Kirche ursprünglich geplant war.

weil man dadurch herausfinden kann, wer der Auftraggeber des Grabmals war.

weil man dadurch herausfinden kann, wie alt das Grabmal ist.

In der Vergangenheit hat es mehrere Unternehmungen gegeben, bei denen das Grabmal geöffnet worden ist.

In dem Kapitelsprotokoll der Kirche St. Blasius ("Dom") wird 1640 davon berichtet, daß man nach den Gräbern von Herzog Heinrich und Mathilde gesucht und beide Grabplatten abgehoben habe.

Auch 1814 ist das Grab aufgedeckt worden, und ein Augenzeuge berichtete davon, daß man unter dem Bildnis der Herzogin Mathilde einen großen steinernen Sarkophag gefunden habe.

1880 findet sich in der Kirchenchronik ein Bericht, daß bei Pflasterarbeiten an der Südseite von Heinrichs Grabstein unter dem Fußboden ein kleiner Steinsarg gefunden wurde. Es werden Vermutungen angestellt, daß dort ein früh verstorbener Sohn Heinrichs begraben sein könnte.

1935 fand erneut eine Graböffnung statt, die sehr umstritten ist, da viele Fachleute die Ansicht vertreten, daß sie unsachgemäß und ohne wissenschaftliche Vorbereitung stattgefunden habe. Der Befund von 1935 ist in einer Zeichnung wiedergegeben.

Man sieht die Grabplatten und darunter die Tumba, also den Grabkasten. Die Särge liegen aber nicht darin, sondern unterhalb des Fußbodens. Es waren zwei Erwachsene und ein Kind begraben. Ein erwachsener Mensch war in einem großen Steinsarkophag, der andere in einer

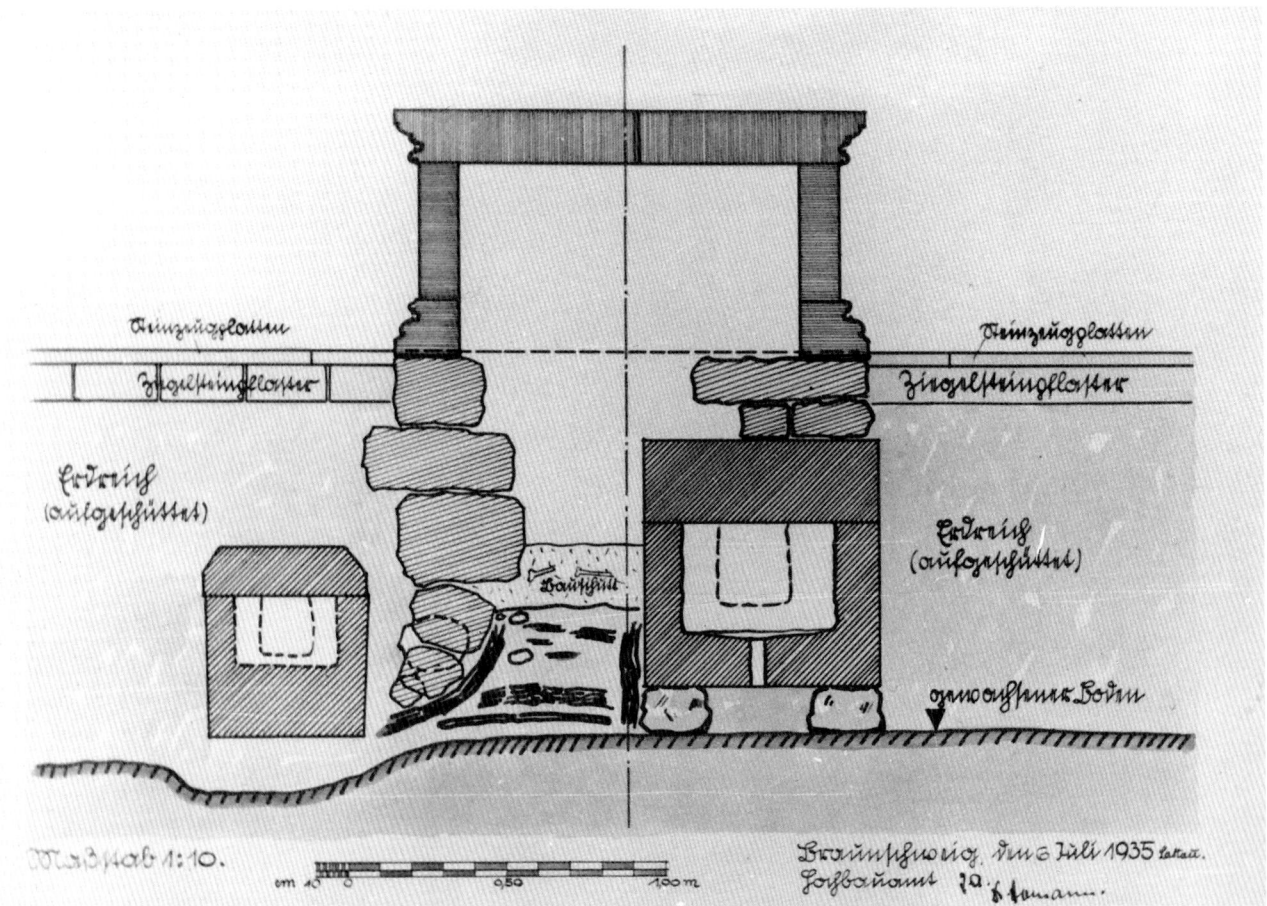

72 Zeichnung des Grabungsbefundes von 1935. Die Bezeichnungen am rechten Rand lauten von oben nach unten: Steinzeugplatten, Ziegelsteinpflaster, Estrich (aufgeschüttet), gewachsener Boden.

Lederhülle in einem fast zerfallenen Holzsarg und das Kind in einem kleineren steinernen Sarg beigesetzt. Der Kindersarg ist der auf der Zeichnung ganz links eingezeichnete. Der große Steinsarg liegt rechts, dazwischen sind die Reste des Holzsarges eingezeichnet.

Früher haben einige Wissenschaftler angenommen, daß Heinrich der Löwe in dem großen Steinsarkophag beigesetzt wurde. Er läge dann unter der Grabplatte, auf der Mathilde dargestellt ist. Heute geht man aber davon aus, daß Heinrich der Löwe in dem Holzsarg bestattet wurde und Mathilde in dem großen steinernen Sarg.

1946 wurde das Grab zum letzten Mal geöffnet, wobei der Kindersarg vermißt wurde. Man wußte zu dem Zeitpunkt wohl nicht, daß der Sarg 1940 weiter westlich an der Wand einer dort anschließenden Grabkammer aufgestellt worden war.

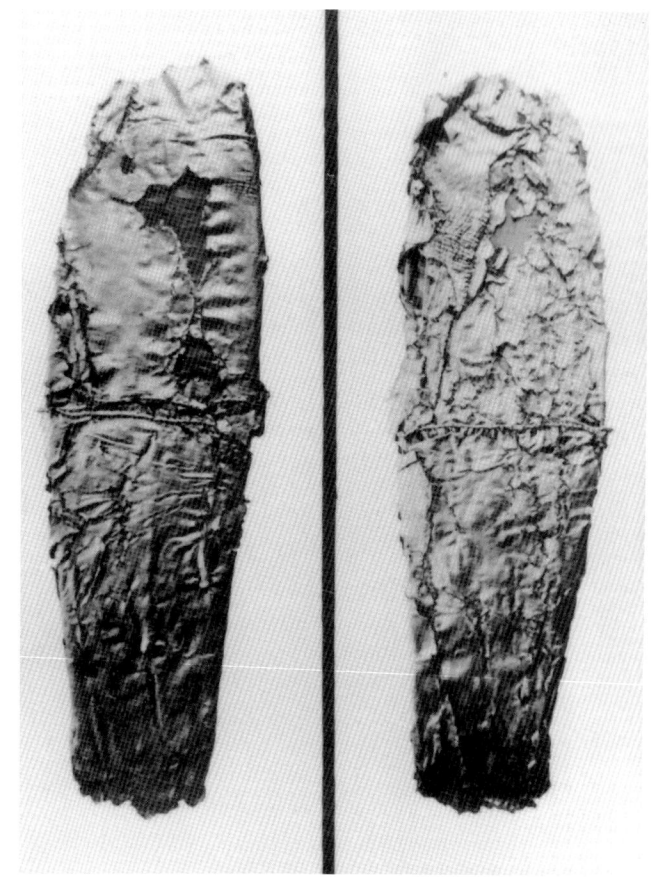

73 Diese Lederhülle wurde bei der Ausgrabung 1935 gefunden.

74 Man kann die zwei geöffneten Steinsärge gut erkennen. Grabungsfoto von 1935.

Auf dem Foto von der Grabung 1935 sieht man den Kindersarg links. Rechts im Bild ist der geöffnete große Steinsarg zu sehen. Die Steine, die den Holzsarg an der Seite eingedrückt haben, sind kaum zu sehen. Zwischen dem großen Steinsarg und dem Kindersarg ist die Lederhülle zu "erahnen".

Reisen und Pilgern im Mittelalter

Wo geht's lang?

Wie wäre es, wenn heute Städte nur durch eine einzige Straße verbunden wären? Wenn die Städte so übersichtlich wären, daß man sie fast ganz auf eine Reisekarte malen kann?

Solch ein Reiseplan ist uns von dem englischen Benediktinermönch Matthew Paris aus dem 13. Jahrhundert überliefert. Er war berühmt als Historiker und Künstler. Diese Fähigkeiten halfen ihm bei der Herstellung von Reisekarten, die auch Itinerare genannt werden. Obwohl er fast sein ganzes Leben in einem Kloster verbrachte und selbst nicht viel reiste, muß ihn dieses Thema außerordentlich beschäftigt haben. Er hat viele solcher Karten gemalt. Nebeneinander gelegt, ergeben sie eine lange Reiseroute, die bis nach Jerusalem reicht.

Doch wie funktioniert der Plan? Die Leserichtung des Planes geht jeweils von unten nach oben. Die Städte sind mit einem senkrechten Band miteinander verbunden. Das Band könnte auch eine Straße andeuten. Der Abstand zwischen zwei Städten bedeutet die Dauer einer Tagesreise. Welchen Weg hat Matthew Paris also für die Strecke auf dieser Karte von London nach Beauvais vorgesehen?

Von einer mächtigen Mauer umgeben ist unten links die große Stadt London zu sehen. Hier geht die Reise los. Inmitten der Mauern bestimmt die höchste Kirche in London die mittelalterliche Stadt: die Kathedrale von St. Paul. Im Hintergrund fließt die Themse als blauer Strom. Eine Tagesreise ist es dann zur Stadt Rochester, von dort führt der Weg unmißverständlich nach Canterbury. Wie alle größeren Städte ist Canterbury zum Schutz mit einer hohen Mauer umgeben. Von dort gelangt der Reisende bis an die Nordsee. Zwei Schiffe auf dem Meer deuten an, daß nun die Fahrt über den Kanal nach Frankreich für den Reisenden zu bewältigen ist. Laut Plan legt er dann in Wissant an, einem kleinen französischen Hafen zwischen Calais und Boulogne. Ein Gewaltmarsch von vier Tagen bringt den Reisenden weiter über Montreul, St.-Riquier und Poix nach Beauvais. Nun hat unser Reisender entweder die Fortsetzung des Planes in der Tasche, oder er muß

sich mit dem erreichten Ziel zufrieden geben. Dieses Itinerar von Matthew Paris endet jedenfalls hier.

Reisen war umständlich und brauchte viel Zeit. Matthew Paris maß die Entfernungen in Tagesreisen, und am Tag konnte ein Wanderer immerhin etwa 30 km zurücklegen. Ein Pferd im Galopp schaffte sogar in der Stunde 20-25 km. Oft gab es wirklich nur eine Straße, die größere Orte miteinander verband. Die war meistens nicht gepflastert. Bei Regen versanken Wagen und Wanderer oft im Schlamm, und das Fortkommen war mühsam.

Die Reisetätigkeit war im Mittelalter sehr ausgeprägt, allerdings nicht bei allen Menschen. Während die Bauern wegen ihrer landwirtschaftlichen Tätigkeit oft ihr ganzes Leben an einem Ort blieben, reisten Kaufleute, Adelige und Herrscher ständig von Ort zu Ort und in ihren Besitzungen umher. Sie hatten in der Regel Pferd und Wagen zur Verfügung, während das einfache Volk zu Fuß ging. Oft waren religiöse Gründe der Antrieb zu einer großen Reise. Monatelang setzten sich Pilger den Gefahren des Reisens aus, um die Gräber der Heiligen zu sehen. Reisende wurden durch Hunger, Krankheit und Überfälle gefährdet. Viel sicherer war es, in Gruppen zu reisen. Trotzdem brauchte jeder Reisende im Mittelalter möglichst gute Gesundheit und Ausdauer, Ortssinn und eine entsprechende Reiseausstattung.

Was trug wohl ein Reisender aus dem 12. Jahrhundert mit sich, wenn er den Wegen von Matthew Paris folgen wollte?

O	Reiseführer	O	Hut
O	Heftpflaster	O	Kompaß
O	Lederbeutel	O	Sonnencreme
O	Energieriegel	O	Regenjacke
O	Koffer	O	mehrere Paar Schuhe
O	Pistole	O	Wanderstab
O	Geldscheine	O	Mineralwasser
O	Zahnbürste	O	Messer

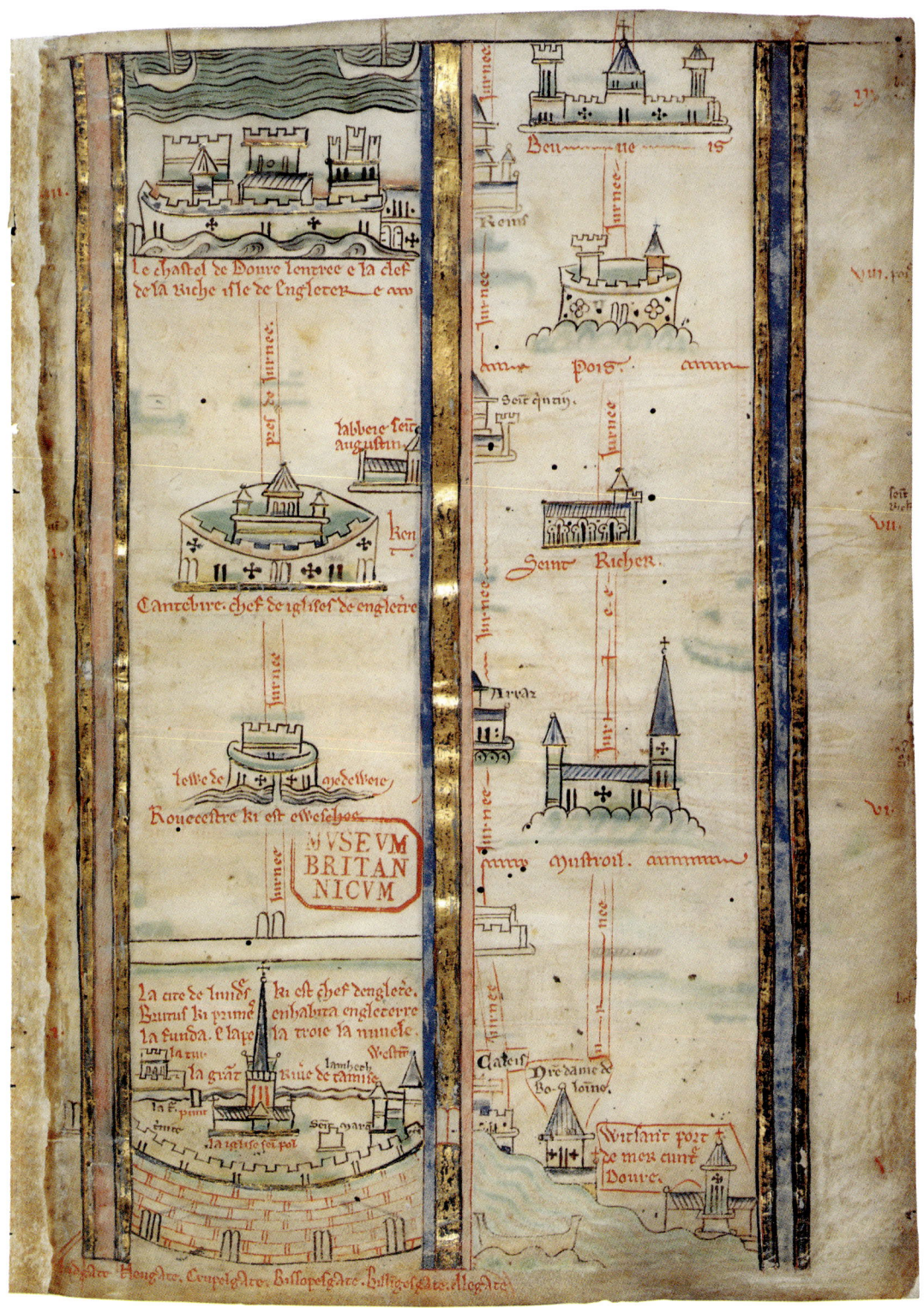

75 Der englische Benediktinermönch Matthew Paris malte im 13. Jahrhundert diesen Reiseplan von London nach Beauvais in Frankreich.

Wochenlang fromm sein - von Pilgern und Heiligen

Pilger waren schon eine merkwürdige Gruppe Menschen im Mittelalter: Abenteurer und Andächtige, Rastlose und Reisende - ein bißchen von allem traf zu. Pilger nahmen monatelange gefährliche Reisen auf sich. Die verschiedensten Menschen gingen auf Pilgerreise: Kaufleute und Könige, Arme, Verzweifelte, Kranke und Gesunde. Auf ihren Wegen nach Jerusalem, Rom oder Santiago de Compostela in Spanien, nach Aachen oder Canterbury trotzten sie Hunger und Durst, betrügerischen Wirten und Wegelagerern. Sie verließen ihre Heimat auf unbestimmte Zeit. Niemand wußte genau, ob er seine Familie wiedersehen würde. Was brachte so eine Gruppe Menschen zusammen?

Es gab ein gemeinsames Ziel: Der Besuch heiliger Stätten, an denen Heilige gelebt und gewirkt hatten. Antrieb zu solchen Reisen war der Glaube, daß Heilige von Gott eine besondere Heilkraft verliehen bekommen haben. Heilige Menschen sind "Ausnahmemenschen". Nur der Papst darf sie meist viele Jahre nach ihrem Tode heiligsprechen, und das auch nur, wenn eine gewisse Anzahl an Wundern nachgewiesen werden kann. Es heißt, sie stehen in einer besonders engen Beziehung zu Gott dank ihres so vorbildlich religiösen Lebens. Man spricht ihnen die Kraft zu, Heilwunder zu vollbringen. Sie setzen sich dann besonders für einen ein, wenn man ihre Wirkungsstätten besucht, zu ihnen betet und ihnen etwas mitbringt. Die Menschen sprechen bestimmten Heiligen Zuständigkeit für Ernte und Unwetter, Feuer und Blitz, Krankheit und Tod zu. Das sind Erscheinungen, für die die Menschen sonst keine Erklärung fanden.

Über Heilige sagte man im Mittelalter:
Heilige können Dinge vorhersagen.
Heilige brauchen nicht unbedingt etwas zu essen.
Heilige haben Macht über die Natur.
Heilige verwesen nicht, sondern strahlen einen Wohlgeruch aus.
Was fällt Dir noch zum Thema "Heilige" ein?

Das Grab des Heiligen war der erste Ort der Verehrung und direkte Quelle des Segens. Dort entfaltete der Heilige seine besondere Wirkkraft. Selbst Dinge, die das Grab umgaben, waren mit Heil- und Wunderkraft erfüllt. Die größte Wirkkraft hatten Reliquien, die direkt vom Körper des Heiligen stammten. Jeder Pilger erhoffte sich einen Anteil an dieser Wunderkraft und war bemüht, etwas aus dem Umkreis des Grabes mitzunehmen. Selbst noch der Staub von der Grabplatte war mit "Heiligkeit" erfüllt.

76 In diesen Beuteln wurden kostbare Reliquien transportiert oder aufbewahrt. Reliquienbeutel, 13. Jahrhundert.

Eine der berühmtesten Wallfahrtsstätten des Mittelalters war das Grab des Heiligen Jakobus in Santiago de Compostela in Spanien. Er war einer der zwölf Apostel Christi. Die Legende besagt, er habe gleich nach Christi Himmelfahrt in Spanien gepredigt und Jünger gefunden. Er ist später für seinen Glauben enthauptet worden. Sein Grab wird seit dem 11. Jahrhundert als Wallfahrtsort verehrt. Er ist der wichtigste Schutzheilige überhaupt für alle Wallfahrer und Pilger. Aber der wichtigste Pilgerort war natürlich Jerusalem im Heiligen Land, weil dort Jesus gelebt hat und sich sein Grab dort befindet. Auch Heinrich der Löwe ist an diese beiden Orte gepilgert.

Einen lebendigen Einblick in den Alltag eines Pilgers liefert das Buch "liber sancti Jacobi", das "Buch des Heiligen Jakobus" aus dem 12. Jahrhundert. Ein Teil des Buches ist als eine Art Ratgeber für richtiges Pilgern nach Santiago de Compostela gedacht. Es enthält Informationen über Reisewege und das allgemeine Verhalten als Pilger. Die Pilger nahmen dieses Buch aber nicht, wie wir heute, als Reiseführer im Reisegepäck mit. Die wenigen, die lesen konnten, gaben die Erfahrungen und Vorschriften mündlich weiter. Selbst die Ausstattung des Pilgers vor der Reise folgte strengen Regeln. Was durfte er mitnehmen und was nicht? Im Pilgerführer heißt es dazu:

"Die Enge der Pilgertasche bedeutet, daß der auf den Herrn vertrauende Pilger nur einen kleinen und bescheidenen Vorrat mit sich führen soll. Sie ist aus der Haut eines toten Tieres gefertigt, weil der Pilger selbst sein mit Laster und Begierde versehenes Fleisch abtöten soll; durch Hunger und Durst, Fasten, Kälte und Nacktheit, Mühen und Schmach. Sie ist (...) oben immer offen, ein Sinnbild für den Pilger, der zuvor seinen Besitz mit den Armen teilt und später zum Nehmen und Geben bereit ist."

Q 10 Pilgerführer

Im 12. Jahrhundert waren etwa 200 Heilige und ihre Feste bekannt. Noch heute hat jeder Heilige seinen Tag, an dem er verehrt wird. Nur am ersten November gedenken die Menschen aller Heiligen, also heißt der Tag:

_____

Alle mit dem Namen Jakob(us) haben am 25. Juli Namenstag. Schau nach, ob Du auch einen Heiligen als Namenspatron hast und versuche, etwas über seine Geschichte zu erfahren.

Ich habe am_____ Namenstag, und mein(e) Namenspatron(in) ist für folgende Angelegenheiten zuständig:

_____

Der Pilgerhut ist breitkrempig, schützt vor Sonne und verhindert, daß Wasser in den Nacken läuft.

Die Pilgerflasche enthält das lebensnotwendige Wasser.

Der Mantel schützt vor Sonne, Regen und Kälte. Nachts dient er als Decke.

Die Pilger, die von Jerusalem zurückkommen, bringen Palmzweige mit, und die von Santiago wiederkehren, Muscheln. Die Palme bedeutet Triumph, die Muschel die guten Werke.

Der Stab bot Halt im Gebirge und Schutz vor wilden Tieren. Den Stab nimmt der Pilger als dritten Fuß zur Unterstützung. Diese "drei" Füße stehen stellvertretend für Gottvater, seinen Sohn und den Heiligen Geist, an die der Pilger während der Reise denken soll.

77 Zeichnung eines gut ausgerüsteten Pilgers.

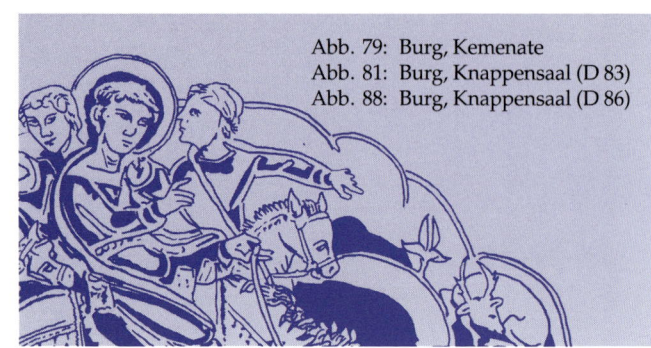

Abb. 79: Burg, Kemenate
Abb. 81: Burg, Knappensaal (D 83)
Abb. 88: Burg, Knappensaal (D 86)

Die Jerusalemreise Heinrichs des Löwen

Ein Jahr lang Abenteuer

Am 20. Januar 1172 brach Herzog Heinrich der Löwe zu einer Pilgerreise in das Heilige Land auf, die ein Jahr dauern sollte. Ziel war die Stadt Jerusalem, die damals wohl wichtigste Stadt, zu der man als mittelalterlicher Mensch überhaupt pilgern konnte. Schließlich hatte Jesus dort gelebt und gewirkt, und dort befand sich auch sein Grab.

Die Vorbereitungen für solch eine lange Reise waren sehr umfangreich. Wir wissen von dem Geschichtsschreiber Arnold von Lübeck, wie und mit wem Heinrich gereist ist und wie die Reise verlief. Es heißt dort, Heinrich sei von 1200 Männern begleitet worden: Ritter mit ihren Knappen, Grafen und andere Edelleute, Köche, Pferdepfleger und viele andere. Wieviel Lebensmittel mußten besorgt, haltbar gemacht und auf Pferde und Karren verladen werden? Mit dieser kostbaren Fracht waren die Pilger außerdem interessant für Räuber und Wegelagerer. Bevor es losging, hatte Heinrich zu Hause noch einiges zu regeln. Seine Frau Mathilde war gerade schwanger und mußte zurückbleiben. So bestellte er mehrere Getreue, die seine Frau beschützen und die politischen Angelegenheiten während seiner langen Abwesenheit übernehmen sollten.

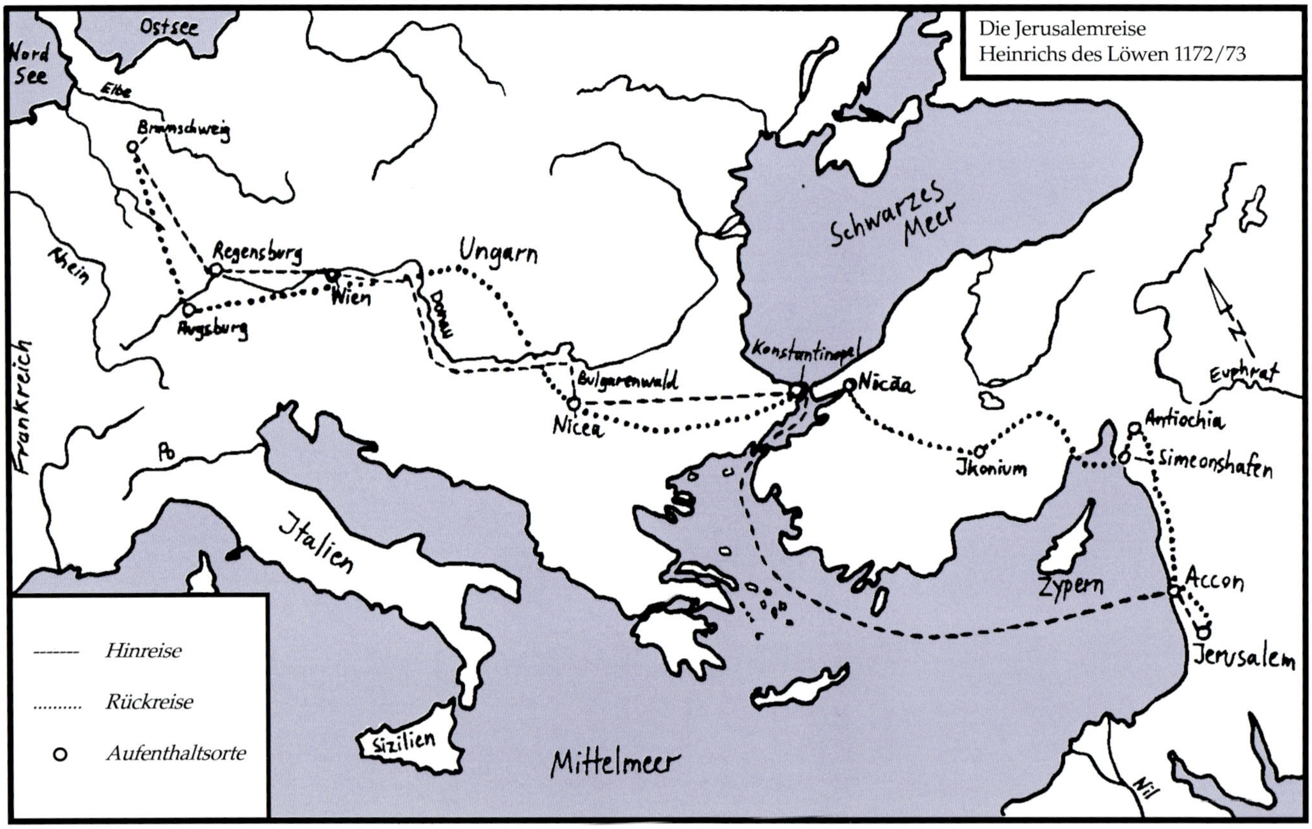

Die Jerusalemreise
Heinrichs des Löwen 1172/73

Nord See · Ostsee · Elbe · Braunschweig · Rhein · Regensburg · Augsburg · Wien · Ungarn · Donau · Bulgarenwald · Nicea · Po · Italien · Schwarzes Meer · Konstantinopel · Nicäa · Jkonium · Euphrat · Antiochia · Simeonshafen · Frankreich · Zypern · Accon · Jerusalem · Sizilien · Mittelmeer · Nil

------ Hinreise
.... Rückreise
o Aufenthaltsorte

78 Die Jerusalemreise von Heinrich dem Löwen 1172/73. Zeichnung nach einer Karte von C. P. Hasse.

H · DVX · IERVSALEM · ADVENIT

79 In der Kemenate der Burg Dankwarderode ist Heinrichs Ankunft in Jerusalem dargestellt.

Im Winter 1172 setzte sich der lange Zug in Bewegung. Trotz des großen Aufwandes war diese Reise nichts Ungewöhnliches, denn der Herzog erfüllte damit seine religiöse Pflicht. Doch für einen Herzog sind auch andere Gründe ausschlaggebend für diese Reise: er trifft auf andere Herrscher, tauscht mit diesen Gastgeschenke und steckt seinen Herrschaftsbereich ab. Und Heinrich der Löwe stellte sich nicht nur selbstbewußt seinen Feinden entgegen, er konnte sich auch ins richtige Licht setzen. Er wurde sogar wie ein richtiger König von Kaiser Manuel II. in Konstantinopel empfangen und durfte mit ihm das Osterfest feiern.

Das Gefolge zog Richtung Regensburg und von dort aus nach Wien. Die Reisegeschwindigkeit betrug je nach den landschaftlichen Bedingungen zwischen 20 und 35 km täglich. Zwischen Braunschweig und Jerusalem war immerhin eine Strecke von ungefähr 3500 km zu bewältigen! In Wien schaffte der Herzog Schiffe an, ließ sie reichlich mit Lebensmitteln beladen und reiste dann mit seinem Gefolge zu Wasser die Donau hinunter. Die Knappen mußten mit den Pferden und Wagen den Landweg einschlagen, abends aber traf man sich an einem bestimmten Ort, wo auch die Schiffe anlegten. Das Reisen war gefährlich und die Last kostbar. So gaben einige Herrscher, durch deren Land Heinrich reisen mußte, ihm Geleit zum Schutz. Der Herzog von Österreich hatte eine Flotte ausgerüstet und ließ ihm "alle Lebensbedürfnisse im Überfluß verabreichen", heißt es bei Arnold von Lübeck.

Gefahren lauern überall

Doch mehrfach war das Leben Heinrichs und der Seinen bedroht. Durch eine gefährliche Strömung in der Donau erlitt der Herzog Schiffbruch. Er wurde gerade noch mit letzter Kraft ans Ufer gezogen, weil er von einigen Burgbewohnern beobachtet worden war. Später, bei dem Zug durch den Bulgarenwald, geriet der Zug in tiefe Sümpfe, und Pferde und Wagen blieben stecken. Man kam so wenig vorwärts, daß der Herzog befahl, die Lebensmittel auf die Lasttiere zu packen und die Wagen zurückzulassen. Vieles konnte nicht mehr transportiert werden. Es blieben Mengen an Lebensmitteln wie Weinfässer, feines Mehl, Fleisch und Fische zurück.

Auch kriegerischen Überfällen mußte der Herzog ins Auge sehen. Als Heinrich sein Lager eines Tages in der Nähe einer serbischen Burg bezog, kümmerte sich deren Besatzung nicht um seine friedlichen Absichten. Sie überfiel ihn des Nachts. Arnold von Lübeck berichtet von vergifteten Pfeilen, so daß "kein lebendes Wesen, welches getroffen wird, dem Tode entgeht". Nachdem jedoch der Anführer tödlich getroffen war, zogen sich auch die anderen zurück, und die Gefahr war gebannt.

Geschenke machen Freu(n)de

Der Pilgerzug näherte sich langsam der sagenumwobenen Stadt Konstantinopel, der Hauptstadt des byzantinischen Kaiserreiches. Es war Ostern 1172. Heinrich schickte Kaiser Manuel II. prunkvolle Geschenke voraus, um sein Eintreffen anzukündigen und ihm zu huldigen, darunter gesattelte Pferde, Schwerter, Harnische (Rüstungen) und feinste Gewänder. Der Kaiser seinerseits hatte

80 Reisen barg vielerlei Gefahren. Zeichnung nach einer mittelalterlichen Handschrift.

sich auf das Ereignis vorbereitet und empfing ihn glanzvoll in Begleitung seiner Fürsten. Es erinnert fast an ein Märchen aus Tausendundeiner Nacht: Der Weg für den Kaiser und den Herzog war ganz mit Purpur belegt, mit goldgestickten seidenen Decken überhängt und mit goldenen Lampen und Kronleuchtern verziert. Heinrich wurde dann in ein goldenes Zelt geführt, das von Edelsteinen nur so strahlte. Er verstand sich sehr gut mit Kaiser Manuel und hätte seine üppige Gastfreundschaft sicher gern noch genossen. Doch nicht Konstantinopel war sein Ziel, sondern das noch viele Tagesreisen entfernte Jerusalem. So hieß es bald nach Ostern: Aufbruch! Vom Kaiserpaar unter anderem mit einem gut ausgerüsteten Schiff reich beschenkt, welches mit einer Fülle an Reiseproviant ausgestattet war, fuhr Herzog Heinrich mit seinem Gefolge über das Mittelmeer. In der Hafenstadt Accon wurde er glänzend empfangen und ritt von dort nach Jerusalem.

Glanzvoller Empfang in Jerusalem

Schon vor der Stadt kamen ihnen Ritter vom Orden der Templer und Hospitaliter entgegen, um Heinrich und seine Begleiter in die heilige Stadt zu führen. Endlich hatte die lange Reise ein Ende, und an den Rückweg mochte jetzt noch niemand denken! Der König Amalrich bewirtete Heinrich und seine Männer drei Tage lang mit den feinsten Speisen in seinem eigenen Palast, und man kann sicher sein, daß es ihnen an nichts fehlte. Doch dann riefen die christlichen Pflichten, die Heinrich auch eifrig erfüllt haben muß. Wir wissen von zahlreichen Stiftungen an die Grabeskirche in Jerusalem, so etwa eine jährliche Summe für Wachskerzen, die ständig am Grab Christi brennen sollten. Geld und Gaben waren für weitere Verschönerungen an der Grabeskirche gedacht. Herzog Heinrich besuchte alle heiligen Orte, die ein Pilger gesehen haben mußte und wandelte auf den Lebensspuren von Jesus. Er war in Bethlehem, Nazareth und im Tal Josaphat. Er ließ sich von den Templern an den Jordan geleiten, in dem Jesus getauft wurde und bestieg dann die Quarentena. Von diesem Gebirge heißt es, daß Jesus dort 40 Tage gefastet und dem Teufel widerstanden hat.

Jerusalem wurde auch "Die himmlische Stadt" genannt. Man glaubte, hier werde Gott sein Reich auf Erden errichten. Wie die Menschen das irdische Jerusalem im Jahre 1150 gesehen haben, und wie es auch Heinrich der Löwe auf seiner Pilgerreise erlebt haben könnte, zeigt eine bunte Federzeichnung aus Cambrai. Sie stellt eine Art "Stadtplan" von Jerusalem mit den wichtigsten Straßen und Bauten dar. Der Zeichner kannte sich so gut aus, daß er Jerusalem selbst gesehen haben muß. Die Stadt ist von einer Mauer umschlossen und an drei Seiten von hohen Bergen umgeben.

81 Um 1150 entstand dieser Stadtplan von Jerusalem. An den meisten Orten ist Heinrich der Löwe während seiner Pilgerreise gewesen.

An den meisten dieser Orte innerhalb und außerhalb der Stadt ist Heinrich der Löwe mit Sicherheit gewesen. Findet ihr die Orte auf der Karte wieder? Markiert die Gebäude oder Orte mit der entsprechenden Nummer!

84 Der Wohnsitz des Templerordens. Die Ritter empfingen Heinrich bei seiner Ankunft in Jerusalem und geleiteten ihn in die Stadt.

85 Der als "Anastasis" bezeichnete Bau beherbergt unter einem großen Kuppeldach und einem gesonderten Überbau angeblich das Grab von Jesus.

86 Steinkreuz, das 1099 bei der Eroberung Jerusalems durch die Kreuzfahrer an der Stelle der Erstürmung errichtet wurde.

82 Templum domini: (Tempel des Herrn) mit Porta aurea (Goldene Pforte) und Porta speciosa (Prächtige Pforte). Durch dieses Tor zog Jesus auf einem Esel bei der Palmsonntagsprozession.

87 Die Kirche S. Marie im Tal Josaphat. Nach mittelalterlicher Auffassung sollte das "Weltgericht" in diesem Tal stattfinden.

83 Mons olivorum: Der Ölberg. Auf diesen stieg Jesus in der Nacht vor seinem Tod und betete.

88 Die in einer Blei-Zinn-Legierung hergestellte Jerusalemer Pilgerampulle war ein Andenken der Jerusalem-Pilger an ihre Reise zu den Heiligen Stätten. Man sprach den Fläschchen wunderwirkende und unheilabwehrende Kräfte zu. Man konnte sie, mit einer Schnur versehen, um den Hals tragen oder am Zaumzeug des Pferdes befestigen. Auf diesem Pilgerfläschchen sind drei Frauen am Grabe Christi dargestellt. Ein Engel weist auf den Eingang des leeren Grabes.

Zurück nach Hause

Viele Monate waren nun vergangen, seit Heinrich der Löwe Braunschweig verlassen hatte. Die Rückkehr stand an und damit wiederum umfassende Reisevorbereitungen und drohende Gefahren. Als er wie auf dem Hinweg Accon erreichte, setzte er seinen Weg nicht über Wasser, sondern über Land fort. Beinahe wäre Heinrich noch auf Milo, den Sarazenenfürst, hereingefallen, als er diesen um freies Geleit durch sein Land bat. Milo sagte freudig zu, hoffte aber wohl insgeheim, den Herzog ausrauben zu können. Heinrich erfuhr jedoch rechtzeitig von dieser Hinterlist und vertraute sich dem Fürsten von Antiochien an. Der stattete ihn auch gleich mit Schiffen aus, um auf dem Wasserweg möglichst schnell an Fürst Milos Land vorbeiziehen zu können. Es heißt, er bestieg in einer Stadt namens Simeonshafen mit Männern, Pferden, Hab und Gut die Schiffe und segelte Tag und Nacht. Was Heinrich dann noch erlebt haben soll, ist recht abenteuerlich:

Q 11 Arnold von Lübeck

Doch die Entschädigung für die vielen Strapazen erfolgte durch den türkischen Sultan, den Herrscher von Ikonium. Heinrich wurde wie ein König beschenkt:

Q 12 Arnold von Lübeck

Leider haben wir keine Überlieferung, welche Verwendung Herzog Heinrich für die zwei auf Pferden sitzenden Leoparden in seiner Burg Dankwarderode hatte, oder was gar seine Frau Mathilde davon hielt. Jedenfalls wird der Pilgerzug nach dem Abschied vom Sultan um einiges länger geworden sein, als sich Heinrich drei Tage lang durch den großen Wald zwischen Griechenland und der Türkei kämpfte und schließlich Nicäa erreichte. In Konstantinopel nahmen seine Ritter wieder die Pferde in Empfang, die auf der Hinreise zurückgelassen worden waren. Der Kaiser schenkte dem Herzog auf seine Bitte hin kostbare Reliquien. (Reliquien siehe Kapitel "Heinrich der Löwe und England".) Der König von Ungarn war ihm ebenfalls freundlich gesinnt und gab ihm Geleit durch sein Land. In Augsburg befand sich zu der Zeit Kaiser Friedrich Barbarossa, um dort das Weihnachtsfest 1172 zu

begehen. Auch Heinrich stieß dazu und verließ Augsburg erst wieder zu Beginn des Jahres 1173, um nach Braunschweig zurückzukehren.

Ein Jahr war der Herzog fortgewesen, und die Freude über seine Rückkehr war bei seinen Verwandten und Freunden sicher groß. Mathilde hatte inzwischen eine Tochter mit Namen Richenza geboren. Nicht nur die vielen Erinnerungen und Reiseerlebnisse blieben Heinrich von der Reise. Auch die vielen Stiftungen und Reliquien von Heiligen, darunter mehrere Arme von Aposteln, dienten zum Gedächtnis an die Reise und zur Ausstattung von Kirchen. Die Reliquien ließ er mit Gold, Edelsteinen und Silber kostbar verzieren. Stoffe, die er geschenkt bekommen hatte, ließ er zu kirchlichen Gewändern umarbeiten. Damit beschenkte Heinrich das Stift St. Blasius in Braunschweig. Dem Hl.-Kreuz-Stift in Hildesheim stiftete er etwas besonderes: einen Splitter vom Kreuz Christi, der zu den kostbarsten Reliquien überhaupt gehört.

89 Dieses Reliquiar gehört in die Gruppe der "sprechenden Reliquiare", denn man kann ihrer Form ansehen, welche Reliquien sie enthalten. Sie waren meist vergoldet und mit bunten Edelsteinen kostbar verziert. Vielleicht kannst Du dieses Reliquiar mit Deinen Farben zum Glänzen bringen!

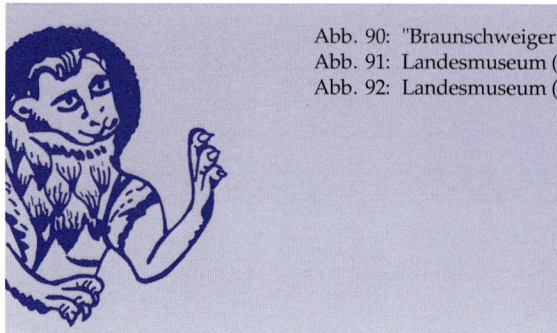

Abb. 90: "Braunschweiger Dom"
Abb. 91: Landesmuseum (H 8)
Abb. 92: Landesmuseum (H 9)

Ein Löwe kratzt am Dom

Die Sage von Heinrich und seinem ungewöhnlichen Haustier

90 Rillen am Portal des "Braunschweiger Doms". Hat hier der Löwe gekratzt?

An einem Portal der Stiftskirche St. Blasius, des "Braunschweiger Doms", könnt Ihr große Rillen im Sandstein finden, die wie Kratzspuren aussehen.
Wo befindet sich dieses Portal?

Woher stammen wohl diese Rillen? Der Sage nach soll es sich um die Kratzspuren eines Löwen handeln. Heinrich der Löwe soll ein solches Tier von seiner Pilgerreise in das Heilige Land mitgebracht haben. Dieser Löwe - so erzählt die Sage - war sehr anhänglich. Als Heinrich starb und im "Dom" begraben wurde, wollte der Löwe bei seinem toten Herrn bleiben. Er durfte jedoch nicht in die Kirche und versuchte, sich den Zugang zu erzwingen. Dabei schlug er seine Krallen tief in die steinernen Türpfosten. Man mußte ihn mit Gewalt fortschaffen, und er ist dann auch bald gestorben. Soweit der Bericht der Sage.

Wenn einem etwas "sagenhaft" vorkommt, dann meint man damit, daß es so nicht geschehen sein kann. Die Sage ist dem Märchen sehr ähnlich. Der wichtigste Unterschied besteht darin, daß die Sage in der Regel jedoch einen "geschichtlichen Kern" besitzt, das heißt, daß etwas - meist sehr wenig - an der Geschichte doch wahr ist.

So hat es den einen "Helden" unserer Sage, nämlich Herzog Heinrich, wirklich gegeben. Er hat wirklich eine Pilgerfahrt nach Jerusalem unternommen, und wahrscheinlich hat er aus dem Orient auch zwei Leoparden mitgebracht, die ihm ein Sultan geschenkt hatte. Diese seltenen Tiere, die Tatsache, daß auf dem Braunschweiger Burgplatz ein Standbild mit einem Löwen errichtet worden war, die seltsamen Kratzspuren am Dom und so manche Erzählung über Herzog Heinrich ließen im Lauf der Zeit die Sage von Heinrich und seinem Löwen entstehen.

Nun ist es so, daß es mehrere - jeweils unterschiedliche - Erzählungen von dieser Sage gibt. Wir wollen uns im folgenden mit einer Fassung der Löwengeschichte beschäftigen, die etwa 300 Jahre nach der Jerusalemreise Heinrichs des Löwen aufgeschrieben und mit Zeichnungen versehen worden ist.

Kurz zusammengefaßt lautet die Sage folgendermaßen: Herzog Heinrich von Braunschweig fährt mit seinen Leuten auf einem Schiff über das Mittelmeer in Richtung Jerusalem. Dabei geraten sie in einen Sturm, der sie an eine völlig windstille Stelle mitten auf dem Meer treibt. Dort verhungern fast alle bis auf Heinrich und einen Knecht. Heinrich läßt sich in die Haut eines geschlachteten Pferdes einwickeln und von einem Greifen - einem sagenhaften großen Vogel - an Land in dessen Nest tragen. Nachdem er sich aus dem Greifennest befreit hat, kommt er durch einen Urwald, wo er auf einen Drachen im Kampf

91 Heinrich und der Löwe auf dem Floß in einer Handschrift des 15. Jahrhunderts.

92 Ein Teil der Heinrich-Sage als "Teppich-Geschichte". Wandteppich aus dem Historischen Museum Basel, hergestellt um 1460/70.

mit einem Löwen trifft. Er hilft dem Löwen, der fast schon besiegt ist. Daraufhin verspricht der Löwe Heinrich ewige Treue und folgt ihm überallhin.

Als Heinrich ein größeres Gewässer mit einem selbstgebastelten Floß überqueren will, wartet er ab, bis der Löwe schläft, denn er befürchtet, daß das Floß sie beide nicht tragen und untergehen würde. Der Löwe erwacht jedoch noch rechtzeitig, springt mit auf das Floß und hindert es am Sinken, indem er sich immer von einer auf die andere Seite bewegt. So gelangen sie nach Durchquerung eines finsteren Tunnels wieder an Land, haben einen Zusammenstoß mit den Vogelmenschen und treffen anschließend auf einen bösen Geist.

Dieser berichtet Herzog Heinrich, daß seine Frau in Braunschweig, die ihren Mann nach so vielen Jahren für tot hält, gerade im Begriff ist, wieder zu heiraten. Der Herzog schließt mit dem Geist einen "Teufelspakt": Dieser soll erst ihn und dann den Löwen sofort nach Braunschweig bringen. Sollte Heinrich einschlafen, während der Geist den Löwen holt, so dürfe der Böse über seine Seele verfügen. Der Löwe erweckt allerdings durch sein Gebrüll den wirklich eingeschlummerten Herzog gerade noch rechtzeitig und rettet damit dessen Seele.

Im Schloß - bzw. in der Burg Dankwarderode - kommen sie gerade noch rechtzeitig zur Hochzeit. Der Herzog erzählt zur Unterhaltung der Festgesellschaft als "fremder Pilger" seine eigene Geschichte. Doch seine Frau erkennt ihn erst, als Heinrich seinen halben goldenen Ring - die andere Hälfte ist im Besitz der Herzogin - in ihren Becher fallen läßt. Nun wird der rechtmäßige Herzog und Ehe-

93 Der Löwe trauert auf dem Grab seines Herrn. Das Bild stammt aus der gleichen Handschrift wie die Abbildung auf der vorigen Seite.

mann mit großem Überschwang begrüßt und lebt mit seiner Frau und dem Löwen noch lange Jahre glücklich.
Als er eines Tages im Alter dann stirbt, ist der Löwe so traurig, daß er auf Heinrichs Grab sitzen bleibt, trauert und weint, nichts mehr frißt und schließlich auch stirbt.

Die Bilder, die in diesem Kapitel abgebildet sind, gehören zum Teil direkt in das Buch, in dem die Sage von Heinrich und seinem Löwen aufgeschrieben ist, zum anderen gehören sie zu einem Teppich, der auch im späten Mittelalter gewirkt worden ist. Welche Episoden aus der Sage findet Ihr auf den beiden Bildern und auf dem Teppich-Teilstück wieder? (Ordnet sie zeitlich nach dem Ablauf der Geschichte richtig ein!)

Vergleicht den Schluß der Sage mit der Geschichte von den Kratzspuren am Dom! Hier habt Ihr zwei unterschiedliche Fassungen der Sage vor Euch. Welche findet Ihr interessanter?

	Bilder	Teppich
1.		
2.		
3.		
4.		

Auf dem Teppich sind verschiedene Szenen in ein Bild verwoben. Erinnert Euch das nicht ein wenig an Comic-Hefte? Vielleicht habt Ihr ja Lust, Eure eigene Fassung der Sage von Heinrich dem Löwen zu entwickeln und als Comic zu zeichnen? Ihr könnt versuchen, sie in die heutige Zeit zu übertragen. Wie würde Heinrich wohl heute ins Heilige Land reisen? Welche Abenteuer könnte er erleben, und wer könnte die Stelle des treuen Löwen einnehmen?

Von den Anfängen der Stadt Lübeck

Burg, Rittersaal
Abb. 95: (F 19)
Abb. 98: (F 25)
Abb. 99: (F 25)

Weitaus die meisten Menschen lebten zur Zeit Heinrichs des Löwen auf dem Lande in kleinen Dörfern oder Einzelhöfen. Nur wenige wohnten auf Burgen oder in Klöstern. Städte gab es nur sehr vereinzelt, und sie waren von ihrer Einwohnerzahl her nicht größer als heute etwas größere Dörfer. So hatte Braunschweig nach dem großen Ausbau unter Heinrich dem Löwen mit den neuen Teilstädten Hagen und Neustadt um das Jahr 1200 etwa 5000 Einwohner, etwa soviel wie die Bischofsstadt Hildesheim. Von Hannover war damals noch kaum die Rede.

Dennoch wurden in dieser Zeit viele später "erfolgreiche" Städte gegründet. Ein Beispiel für eine solche Stadtgründung, das wir Euch etwas genauer vorstellen wollen, bietet die Stadt Lübeck. Euch ist sicher das Lübecker Marzipan ein Begriff, doch darum wird es im folgenden nicht gehen, denn weder das Marzipan noch das berühmte Holstentor, das auf den älteren 50-DM-Scheinen zu sehen ist, gehören zur frühen Geschichte der Stadt.

Lange Zeit hat man angenommen, daß die Halbinsel zwischen den Flüßchen Trave und Wakenitz bis zur Gründung Lübecks durch Graf Adolf von Schauenburg im Jahre 1147 nicht besiedelt war, sondern von Urwald überwuchert wurde. Heute befindet sich die weltbekannte Lübecker Altstadt auf dieser Halbinsel. Die Archäologen, das sind die Leute, die alte Wohnplätze, Friedhöfe und anderes ausgraben, haben nun herausgefunden, daß schon lange vor 1147 Slawen auf der Bucu genannten Halbinsel wohnten. Sie hatten dort eine Burgwall-Siedlung und weitere Häuser gebaut und Land kultiviert.

Auf der Karte könnt Ihr (genau in der Mitte) die Halbinsel Bucu mit den Zeichen für eine Burgwall-Siedlung sowie für eine weitere slawische Siedlung und für Einzelfunde aus slawischer Zeit erkennen. Etwa sechs Kilometer nördlich von Bucu, der heutigen Lübecker Altstadt, könnt Ihr eine weitere Burgwall-Siedlung mit zusätzlichen Siedlungs- und Einzelfunden entdecken. Es handelt sich um Alt-Lübeck oder, wie es auf slawisch hieß, Liubice. Liubice war ursprünglich der wichtigere Ort, bedeutender Sitz des Fürsten der slawischen Obodriten mit Handwerkersiedlung und Hafenanlage. Erst nach der Zerstörung Liubices im Jahre 1138 und mit der Ansiedlung von flämischen und deutschen Siedlern durch Graf Adolf gingen der Name - umgewandelt in Lübeck - und die Bedeutung von Liubice auf die Halbinsel Bucu über. Die Lage der Siedlung auf eben dieser Halbinsel bot den Früh-Lübeckern natürlichen Schutz, aber auch den direkten Anschluß an den Wasserweg zur Ostsee.

Die neue Siedlung des Grafen Adolf erwies sich als so erfolgreich, daß unter anderen viele Kaufleute aus Bardowick, dem bisherigen Haupthandelsort an der Grenze zu den Slawen, nach Lübeck zogen. Das ärgerte Heinrich den Löwen, der an den Zöllen und Marktgebühren seiner Stadt Bardowick gut mitverdient hatte und nun entsprechend weniger Geld bekam. Heinrich forderte Graf Adolf auf, ihm die Hälfte der Stadt Lübeck sowie seine Salzwerke in Oldesloe abzutreten. Doch dieser war dazu nicht bereit. Daraufhin verbot Heinrich in seiner Funktion als Stellvertreter des Königs den Fernhandelsmarkt in Lübeck. Was weiterhin geschah, berichtet der Priester Helmold von Bosau in seinem Buch "Chronik der Slawen":

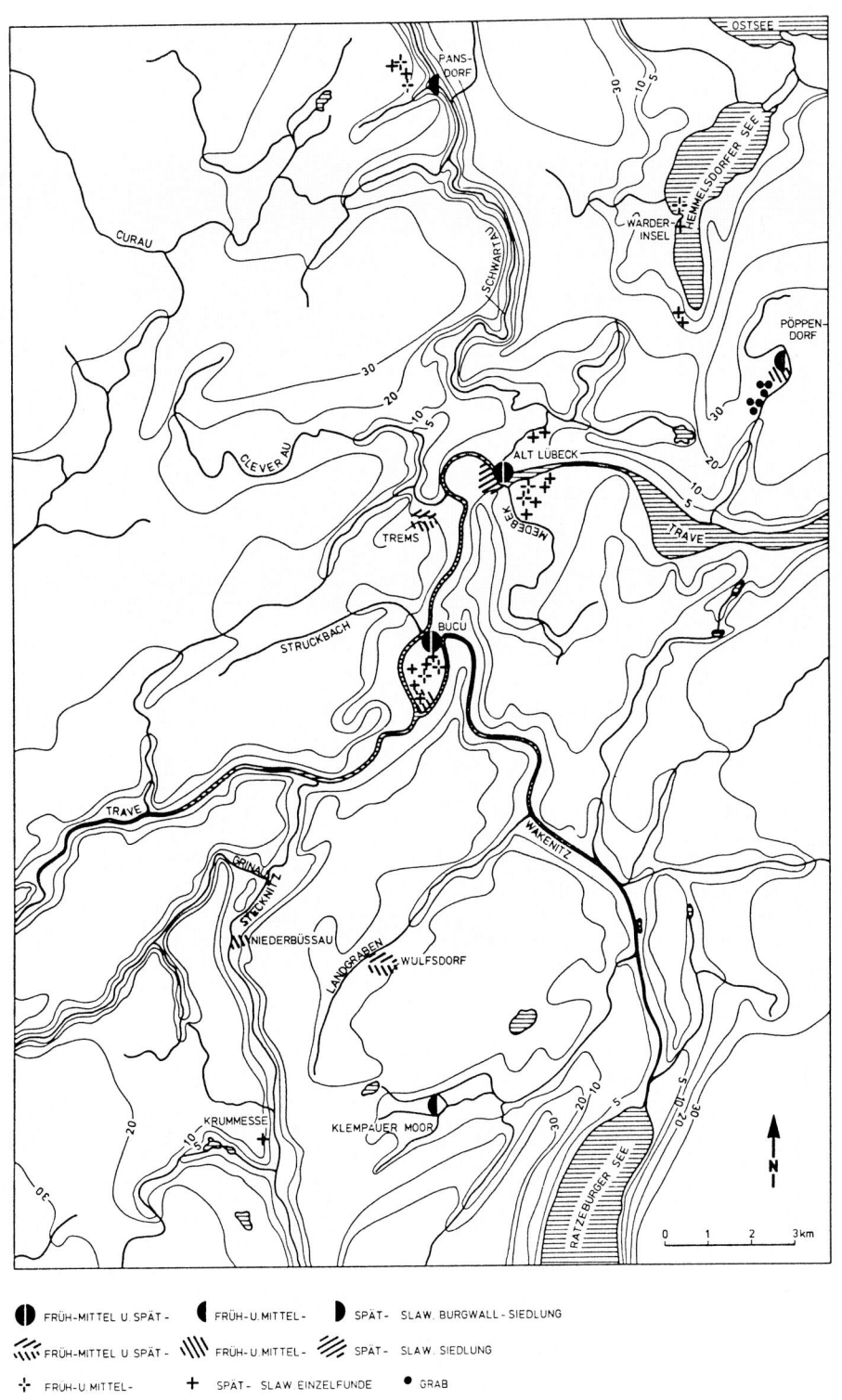

OSTSEE

PANS-
DORF

CURAU

WARDER-
INSEL

HEMMELSDORFER SEE

PÖPPEN-
DORF

CLEVER AU

ALT LÜBECK

MEDEBEK

TRAVE

TREMS

STRUCKBACH

BUCU

TRAVE

WAKENITZ

GRINAU

STECKNITZ

NIEDERBÜSSAU

LANDGRABEN

WULFSDORF

KRUMMESSE

KLEMPAUER MOOR

RATZEBURGER SEE

N

0   1   2   3km

FRÜH-MITTEL U.SPÄT-   FRÜH-U.MITTEL-   SPÄT- SLAW. BURGWALL-SIEDLUNG

FRÜH-MITTEL U.SPÄT-   FRÜH-U.MITTEL-   SPÄT- SLAW. SIEDLUNG

FRÜH-U.MITTEL-   SPÄT- SLAW EINZELFUNDE   GRAB

94 Die Gegend um Lübeck in slawischer Zeit.

Über die Erbauung von Löwenstadt

*"Um jene Zeit wurde die Stadt Lübeck von einer Feu-
ersbrunst verzehrt und die Kaufleute und übrigen
Einwohner schickten zum Herzog und ließen sagen:
'Lange schon dauert es, daß der Markt zu Lübeck auf
euren Befehl verboten ist. Wir sind zwar bisher in der
Stadt geblieben, da wir hofften, den Markt durch euer
gnädiges Wohlwollen zurückzubekommen, und uns
auch nicht entschließen konnten, unsere mit großen
Kosten errichteten Gebäude zu verlassen; nachdem
nun aber unsere Häuser verbrannt sind, erscheint es
sinnlos, an einem Orte wieder aufzubauen, wo kein
Markt sein darf. Gib uns also Raum für die Gründung
einer Stadt an einem Orte, der dir genehm ist.' Daraufhin bat der Herzog den Grafen Adolf, ihm Hafen
und Werder (Halbinsel) in Lübeck abzutreten. Das
wollte dieser nicht tun. Da errichtete der Herzog eine
neue Stadt jenseits der Wakenitz, nicht weit von Lübeck, im Lande Ratzeburg, und begann zu bauen und
zu befestigen. Und er nannte sie nach seinem Namen
'Löwenstadt', also Stadt des Löwen. Weil dieser Platz
aber sowohl für einen Hafen wie für eine Festung wenig günstig und nur mit kleinen Schiffen erreichbar
war, nahm der Herzog die Verhandlungen mit dem
Grafen Adolf über Werder und Hafen von Lübeck
nochmals auf und versprach viel, falls er seinem
Wunsch nachgebe. Endlich gab der Graf nach, tat,
wozu die Not ihn zwang, und trat ihm Burg und Werder ab. Alsbald kehrten auf Befehl des Herzogs die
Kaufleute freudig zurück, verließen die ungünstig
gelegene neue Stadt und begannen, Kirchen und
Mauern der Stadt wieder aufzurichten. Der Herzog
aber sandte Boten in die Hauptorte und Reiche des
Nordens, Dänemark, Schweden, Norwegen und
Rußland, und bot ihnen Frieden, daß sie Zugang zu
freiem Handel in seine Stadt Lübeck hätten. Er ver-
briefte dort auch eine Münze, einen Zoll und höchst
ansehnliche Stadtfreiheiten. Von der Zeit an gedieh
das Leben in der Stadt, und die Zahl ihrer Bewohner
vervielfachte sich."*

Q 13 Helmold von Bosau

Wie findet Ihr das Verhalten Heinrichs? Was mag wohl
hinter der Formulierung stecken: "Endlich gab der Graf
nach, tat, wozu die Not ihn zwang, ..."? Kann man Heinrich den Löwen zu Recht als den Gründer Lübecks bezeichnen?

Aus dem Bericht des Helmold von Bosau könnt Ihr schon
herauslesen, wie wichtig der Hafen für die Stadt Lübeck
war. Die Stadt lebte gewissermaßen von der Schiffahrt
bzw. vom Umladen der Waren von den Ochsen- oder

95 *"Auf großer Fahrt!" - Stempel des Lübecker Stadtsiegels um 1225.*

Pferdefuhrwerken auf Schiffe, die die Ostsee befahren
konnten. Daher ist es auch einleuchtend, daß das Siegel
von Lübeck, das Ihr oben abgebildet seht, ein Schiff zeigt.
In dem Schiff, bei dem es sich um den Typ der berühmten
Hansekogge handelt, sitzen symbolisch ein Seemann, der
das Steuer hält, und ein Kaufmann. Seeleute und Kaufleute gehörten zu den wichtigsten Berufsgruppen in der
Fernhandelsstadt Lübeck.

Wie der Hafen Lübecks zur Zeit der Neugründung durch
Heinrich den Löwen ausgesehen haben könnte, zeigt
Euch die folgende Rekonstruktion (Nachbildung), die die
Ergebnisse archäologischer Ausgrabungen zur Grundla-
ge hat.

Der Uferstreifen vor der Stadt war zum Fluß hin durch
eine Uferbefestigung, die aus senkrechten, dicht an dicht
nebeneinandergesetzten und miteinander verbundenen
Pfählen bestand, begrenzt. Stadt und Ufer waren durch
einen breiten Bohlenweg (in der Bildmitte zu sehen) verbunden. Bei den Ausgrabungen wurden im Uferbereich
außerdem gut erhaltene Überreste von kleinen Holzhäu-
sern gefunden. Eines davon seht Ihr am linken Bildrand
als Rekonstruktion. Außerdem weisen Funde von Über-
resten von Schiffen (Plankenteile, Nieten, spezielle Nägel
und Klammern) und von Reparaturwerkzeug darauf hin,
daß am Hafen auch Schiffe repariert wurden. Ein solches
Schiff "im Trockendock" ist rechts auf dem Rekonstruk-
tionsfoto zu erkennen.

Zahlreiche Faßdeckel, eine Eigentumsmarke, der Riegel
eines Truhenschlosses und ähnliche Funde weisen darauf

96 *Aus bescheidenen Anfängen entwickelte sich der bedeutende Hafen der großen Hansestadt Lübeck. Rekonstruktion des Zustandes im späten 12. Jahrhundert.*

hin, daß im Lübecker Hafen wirklich Waren verladen oder ausgepackt wurden. Um welche Waren es sich dabei handelte, ist allerdings nicht mehr nachzuweisen. Während die Schiffe "gelöscht", das heißt ausgeladen, oder repariert und die Waren zum Kauf angeboten wurden, schliefen die Seeleute vermutlich in den Zelten am Ufer. Die zahlreichen Überreste von Kugeltöpfen, Kesselhaken und Grillstäbchen aus Holz lassen vermuten, daß man an offenen Feuern kochte und briet. Sicher haben Seeleute, Fischer und Kaufleute dazu auch fröhlich gebechert, gesungen und "Seemansgarn" gesponnen. Doch was sie genau getrunken haben, welche Seemannslieder sie gesungen oder auch gegrölt haben und welche Geschichten sie erfunden haben, wissen wir nicht mehr. Vielleicht versucht Ihr einmal ein "Altlübecker Seemannslied" zu dichten und zu vertonen? (Vorschlag für den Anfang: "Wir fuhren von Lübeck nach Skagen und hatten einen Löwen an Bord.")

97 So ähnlich haben die Häuser der Einwohner Lübecks vor etwa 800
Jahren ausgesehen.

Wie die Häuser in der Stadt etwa aussahen, zeigt eine Rekonstruktionszeichnung für die Zeit kurz nach dem Jahr 1200. Zu erkennen sind Holz- bzw. Fachwerkhäuser, die mit Reet (Stroh) gedeckt sind. Im Hintergrund ist die Marienkirche als noch relativ flache, aber aus Stein gebaute Kirche zu erkennen. (Die gepunkteten Linien zeigen an, wie sich die Kirche und die Häuser in späteren Jahrhunderten entwickelt haben.)

Viele Funde der Archäologen berichten vom Alltagsleben der Stadtbewohner. So weisen hölzerne Daubenschalen und -becher sowie Holzlöffel, wie Ihr sie auf der Abbildung seht, darauf hin, daß vor 800 Jahren der überwiegende Teil des Eß- und Tischgerätes noch aus Holz bestand.

98 Hölzerne Funde aus Lübecks Frühzeit - etwas aufpoliert.

Bei Daubenschalen wurden einzelne einander angeglichene Holzteile miteinander und dann mit einem geraden Boden verbunden, zum Beispiel durch Weidenruten. Es gab aber auch schon "moderne" gedrechselte Holzschalen (im Bild vorne links), die jeweils an einer Drehbank aus einer großen Holzscheibe gearbeitet wurden.

Daß neben der Arbeit und dem Essen und Trinken auch das Spielen nicht vergessen wurde, zeigen weitere Funde aus dem frühen Lübeck.

Abgebildet seht Ihr Murmeln und aus Ton hergestellte Spieltiere. Könnt Ihr erkennen, um welche Tiere es sich dabei handelt?

Mit der Reiterfigur konnten die Kinder der Lübecker Kaufleute, Fischer oder Seeleute ritterliche Heldengeschichten nachspielen. Vielleicht haben sie nach den Erzählungen der Erwachsenen am abendlichen Herdfeuer dabei auch die Geschichten um die Anfänge ihrer Stadt mit den Kämpfen zwischen Slawenfürsten, Graf Adolf und Herzog Heinrich nachgespielt, oder die Belagerung Lübecks durch Kaiser Barbarossa im Jahre 1181 bei dessen Strafaktion gegen Heinrich den Löwen.

99 Womit die Kinder damals spielten: Spielzeug aus dem mittelalterlichen Lübeck.

Von der Hand in den Mund?

Abb. 100: Burg, Knappensaal (D 69)
Abb. 101: Burg, Rittersaal (F 17)
Abb. 102: Burg, Knappensaal (D 96)
Abb. 103: Burg, Rittersaal (F 25)
Abb. 105: Burg, Kemenate (G 74)
Abb. 106: Burg, Rittersaal (G 106)
Abb. 107: Burg, Kemenate (G 110)

Tischsitten und Händewaschen zur Zeit Heinrichs des Löwen

"Iß nicht das Brot, bevor der erste Gang auf den Tisch kommt, sonst wirst du für unbeherrscht gehalten. Stecke nicht ein so großes Stück in deinen Mund, daß die Krumen rechts und links herausfallen, sonst wirst du als ein Fresser angesehen. Schlucke das, was du im Mund hast, nicht herunter, bevor es gut gekaut ist, damit du dich nicht verschluckst. Trinke erst, wenn dein Mund leer ist (...). Sprich nicht, solange du etwas im Mund hast."

Q 14   Petrus Alphonsus

100 Der Ausschnitt zeigt eine mittelalterliche Hochzeitstafel mit musikalischer Begleitung aus dem 12. Jahrhundert.

Jeder von uns kann sich an solche oder ähnliche Mahnungen unserer Eltern bei Tisch erinnern, nur erfunden, so glauben wir, um uns den Spaß am Essen zu verderben. Wer hätte gedacht, daß diese Hinweise schon etwa 800 Jahre alt sind und dazu dienten, dem Essen der feinen höfischen Gesellschaft bestimmte Regeln zu geben. Sie wurden von dem Hofarzt des englischen Königs Heinrich I. im 12. Jahrhundert verfaßt und zählen zu den ältesten "Tischzuchten" des Mittelalters. Zum ersten Mal wurden

hier Vorschriften für höfisches Benehmen während des Essens zusammengestellt.

Wenn viele Menschen zum gemeinsamen Essen zusammenkommen, braucht es Regeln, damit nicht das Chaos ausbricht. Tischsitten waren nur bei Festgelagen des höfischen Adels in Gebrauch. Wer die Tischsitten beherrschte, zeigte jedem, daß er zu einer besonderen Gruppe Menschen gehörte. Gleichzeitig setzte er sich von den anderen Gruppen der Gesellschaft, z. B. den Bauern, ab. Nur ausgewählte Edelleute und Ritter durften an Festmahlen teilnehmen. Anlaß für ein solches Festmahl waren etwa vom König abgehaltene Hoftage auf Burgen oder Pfalzen, den Herrschaftssitzen des Königs. Zu den beliebten Ritterturnieren trafen sich oft tausende von Rittern; währenddessen wurde natürlich auch fürstlich gespeist. Ganz legendär war das Hoffest zu Mainz 1184, auf dem Kaiser Friedrich Barbarossa seine Söhne vor zehntausenden von Gästen in den Ritterstand aufnahm.

Der Ort für solche Feste und gleichzeitig das Zentrum des adligen Lebens war die Burg. Sie war ein Ort der Verteidigung und Sicherheit, aber ebenso der Geselligkeit der Adelsschicht. Zu den Festen gehörten Heiterkeit, Spiel, Tanz, Musik und Dichtung. Gesittetes Benehmen im Speisesaal gehörte dazu, und im Laufe der Zeit entwarf man ausgeklügelte Tischsitten für den Adel. "Ungesittet sein" paßte nicht zu einem höfischen Menschen.

Dabei sind die Tischsitten eigentlich in erster Linie als Hygienevorschriften zu verstehen. Das ist einleuchtend, wenn man sich die Eßgewohnheiten der höfischen Gesellschaft des hohen Mittelalters einmal genauer anschaut. Gegessen wurde mit den Fingern. Zwar waren Gabel, Messer und Löffel bekannt, sie wurden aber nur zum Schneiden bzw. Austeilen von Essen benutzt. Das wenige Besteck war zum gemeinsamen Gebrauch gedacht. Man griff mit den Fingern in die Schüsseln und nahm sich mundgerechte Stücke. Kaum jemand besaß ein eigenes Trinkgefäß. Becher, Gläser oder Trinkschalen wurden mit mehreren, zumindest aber mit dem Nachbarn, geteilt.

Unter diesem Blickwinkel ist der Hinweis aus einer Tischzucht, man solle nicht mit fettigem Mund trinken, durchaus verständlich. Als Teller diente eine Scheibe Brot. Die älteste deutsche Tischzucht aus dem 13. Jahrhundert, genannt "Tannhäuser", bietet ebenfalls genaue Vorstellungen über das Verhalten bei Tisch:

"Abgegessene Knochen sollten nicht wieder in die Schüssel gelegt werden, sie (die Esser) sollten nicht mit den Fingern in den Senf oder die Soße greifen, nicht in das Tischtuch schneuzen, nicht in das heiße Getränk blasen, sich nicht beim Essen über den Tisch legen, sich nicht mit der bloßen Hand an der Kehle kratzen, und nicht in die Hand schneuzen (...)."

Q 15 Tannhäusers Hofzucht

101 Mittelalterliches Tafelgeschirr.

Nun wissen wir einiges darüber, was der mittelalterliche Mensch bei Tisch unbedingt zu unterlassen hat, wollte er nicht "unsittlich" erscheinen. Doch stand er vor dem Problem: Wo soll ich mir nun meine Hände abputzen, wie darf ich schneuzen, wie meinen Mund abwischen?

Manchmal blieb nur das eigene Gewand als Lösung. Offensichtlich war die Reinlichkeit zwar ein Bedürfnis, aber doch auch ein Problem, wären nicht die unter dem Titel "Disciplina Clericalis" zusammengestellten Lehrsätze des Juden Petrus Alphonsus aus dem 12. Jahrhundert:

"Nachdem du, jedesmal wenn du ißt, die Hände abgewaschen hast, berühre (mit ihnen) nichts mehr außer den Speisen, solange du ißt."

Q 16   Petrus Alphonsus

Das Händewaschen vor dem Essen war unbedingt Pflicht. Wer es nicht tat, hielt sich nicht an die Regeln. Für jene hat die "Tannhäuser Hofzucht" sogar eine böse Drohung parat:

"Ich höre von manchen sagen, daß sie ungewaschen essen. Ist das wahr, so erscheint es mir übel; denselben sollen die Hände lahm werden."

Q 17   Tannhäusers Hofzucht

103 Ein kostbares
     Trinkglas aus
     dem 12. Jahrhundert.

102 Bei diesem mittelalterlichen Mahl wird festlich aufgetischt. Zeichnung nach einer Handschrift von Ekkehard von Aura.

Aquamanilien: jemandem das Wasser reichen

Welche Bedeutung der Vorgang des Händewaschens während des Essens im frühen Mittelalter tatsächlich hatte, läßt sich an den vielfältigen und kostbaren kleinen Gießgefäßen ablesen, die eigens zu diesem Zweck hergestellt wurden.

Zur höfischen Mahlzeit gehörte das Händewaschen vor und nach der Mahlzeit. Man benutzte Gießgefäße und Handbecken aus Bronze, Gold und Silber, und reichte dazu Handtücher aus kostbarer Seide. Diese Gießgefäße werden Aquamanilien (Einzahl: Aquamanile) genannt. Im Lateinischen heißt "aqua" Wasser und "manus" Hand.

belwesen und Gestalten aus der Bibel finden wir als Form für die Aquamanilien. Viele davon finden wir in Kirchenschätzen, dort überdauerten sie die Jahrhunderte besonders geschützt. Man verwendete sie zum Händewaschen während der Messe. Die hier dargestellten Gießgefäße sind aus Bronze gemacht. Sie sehen sehr unpraktisch aus, dennoch wurden sie offensichtlich als bestens für die Handwaschung geeignet befunden.

Die Waschung diente aber nicht nur Reinlichkeitszwecken. Normalerweise war es die Aufgabe des Käm-

104 Welchem Tier ist wohl dieses Aquamanile nachgebildet?

Mit ziemlicher Sicherheit stammt die Benutzung solcher Gefäße aus der arabischen Kultur. Die Kreuzritter nahmen auf ihren Kreuzzügen viel von den Kulturen fremder Völker nach Hause mit, und oft wurden nachträglich Handelsbeziehungen geknüpft. So entstanden auch bei uns solche Wasserbehälter, und diese verdrängten die älteren Krüge und Kannen. Aus der Zeit des 12. und 13. Jahrhunderts sind etwa 300 Aquamanilien erhalten. Die Hälfte davon haben eine Löwengestalt, andere haben eine Drachen-, Hirsch- oder Rittergestalt. Auch Dämonen, Fa-

merers bzw. Knappen, beim höfischen Tischzeremoniell das Wasser zu reichen. Zu besonderen Gelegenheiten übernahmen diese Aufgabe auch höhergestellte Personen, z. B. Herzöge. Sie setzten damit ein Zeichen der Dienstergebenheit einer bestimmten Person, etwa dem König, gegenüber. Es wurde streng geregelt, wer wem das Wasser reichen durfte und wer nicht. Noch heute benutzen wir die Redensart "Jemanden nicht das Wasser reichen können", wenn wir andeuten wollen, daß ein Mensch einem anderen unterlegen ist.

105 Greifen sind sagenhafte Raubvögel mit stark gebogenem hakigem Schnabel und scharfen Krallen. Damit können sie kleinere Tiere aus der
Luft greifen. Dieses Greifenaquamanile aus dem 12. Jahrhundert sieht gar nicht so gefährlich aus.

Löwen und Ritter

Es ist auffällig, daß es trotz der zahlreichen Gießgefäße aus dieser Zeit Lieblingsmotive gibt, die immer wieder vorkommen.

Wir sehen kraftstrotzende Löwen, prächtig gerüstete Ritter zu Pferd, Drachen, Greifen und wenige andere Motive. Das hängt damit zusammen, daß auch das Mittelalter gesellschaftliche Leitbilder besaß, mit denen sich die Menschen identifizierten.
Sind es heute bei uns Schauspieler oder Fußballstars, war es im hohen Mittelalter der heldenhafte kampfbereite Ritter in prachtvoller Rüstung mit Helm, Schwert und kostbar gezäumtem Pferd. Durch die Benutzung eines solch prachtvollen Ritter-Aquamaniles wie dem Amsterdamer Aquamanile aus dem 13. Jahrhundert wurden nicht nur die Hände auf edelste Weise gereinigt. Der Benutzer identifizierte sich natürlich mit dem idealen Ritter und damit auch mit der höfischen Gesellschaft und deren Werten. Ein Teil des Glanzes der Ritterfigur sollte auf ihn zurückfallen.

Etwas besonderes sind die sogenannten Sirenen-Aquamanilien. Sirenen sind mit betörendem Gesang ausgestattete göttliche Wesen und stammen aus der griechischen Sagenwelt. Dort heißt es, sie säßen auf einer sagenhaften Insel und lockten die vorbeifahrenden Seefahrer mit ihrem Gesang an, um sie zu töten. Sirenen stellte man sich als Mischwesen zwischen Frau und Vogel vor. Der Künstler dieses Sirenenaquamaniles aus dem 13. Jahrhundert benutzte die Sage als Vorbild.

106 Ein Amsterdamer Ritter-Aquamanile aus dem 13. Jahrhundert.

107 Ein sogenanntes Sirenen-Aquamanile aus dem 13. Jahrhundert.

Ritter, Rüstungen und Turniere

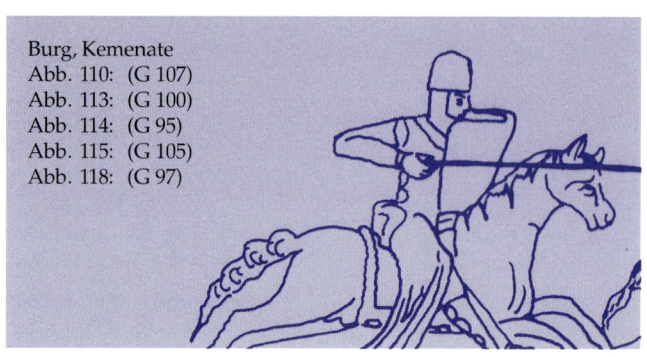

Burg, Kemenate
Abb. 110: (G 107)
Abb. 113: (G 100)
Abb. 114: (G 95)
Abb. 115: (G 105)
Abb. 118: (G 97)

108 Vielleicht habt Ihr ja früher auch mit solchen Ritter-figuren gespielt?

Turniere, Burgen mit hohen Türmen und Zinnen, Raubzüge, Burgfräulein, Rüstungen, Schwerter, Streitrösser, Kreuzritter, Raubritter, Ritterfiguren und Burgen aus Plastik zum Spielen, Abenteuer ..., den meisten Menschen fällt eine Menge ein, wenn sie den Begriff "Ritter" hören.

Wie man Ritter wurde

Nicht jeder Mensch konnte vor 800 Jahren so ohne weiteres ein Ritter werden. Frauen konnten grundsätzlich nicht "Ritterin" werden, und Männer mußten in der Regel von hoher Abkunft sein; sie gehörten überwiegend dem Adel an. Ein adeliger Mann mußte zudem durch ein bestimmtes Ritual zu dem gemacht worden sein, was er ist: ein Ritter.

Aber er mußte auch in der Lage sein, sich mit einem für den Kampf und für das Turnier geeigneten Pferd, einem

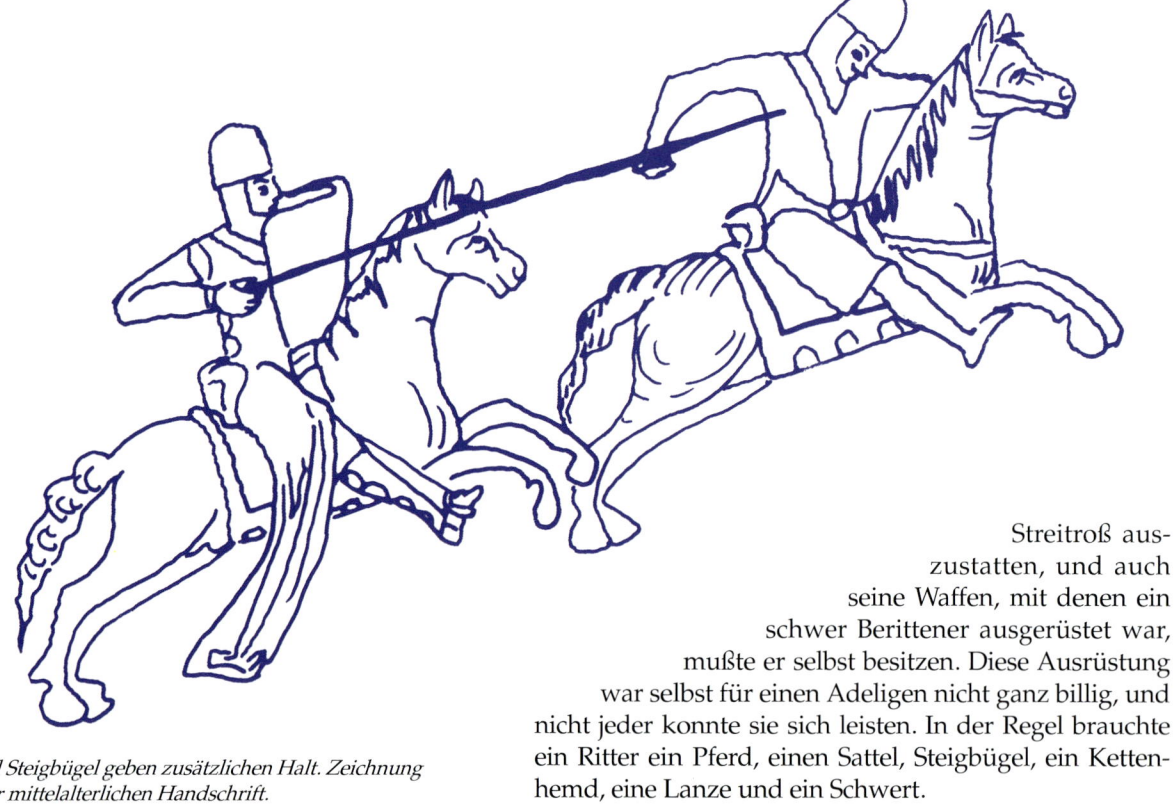

109 Sattel und Steigbügel geben zusätzlichen Halt. Zeichnung nach einer mittelalterlichen Handschrift.

Streitroß auszustatten, und auch seine Waffen, mit denen ein schwer Berittener ausgerüstet war, mußte er selbst besitzen. Diese Ausrüstung war selbst für einen Adeligen nicht ganz billig, und nicht jeder konnte sie sich leisten. In der Regel brauchte ein Ritter ein Pferd, einen Sattel, Steigbügel, ein Kettenhemd, eine Lanze und ein Schwert.

110 Auf dem Bild hier oben seht Ihr ein Gießgefäß, ein sogenanntes Aquamanile. Das Gefäß ist nicht wie eine einfache Kanne, sondern wie ein Ritter zu Pferde kunstvoll aus Metall gearbeitet. Ist der Ritter auf dem Bild "vorschriftsmäßig" ausgestattet? Die Bezeichnungen seiner Ausrüstungsgegenstände könnt Ihr auf dem Bild an die entsprechenden Stellen schreiben. Vielleicht hat er über die "Grundausstattung" hinaus noch zusätzliche Ausrüstungen?

Rittertugenden, Herren und Dienstmänner

Neben der Ausrüstung und der Weihe gehörten auch bestimmte Tugenden zum Ritterdasein: Tapferkeit, Treue, Freigiebigkeit, höfisches Wesen und eine Haltung, die die Verbindung von hoher Geburt und Tugend ausdrücken sollte.

Aber nicht alle Ritter waren gleich. Es gab "Fürsten", die für den öffentlichen Frieden in ihrem Gebiet verantwortlich waren und nur der Macht des Herrschers, z. B. des Königs, unterstanden. Sie waren verpflichtet, dem König bei einem Kriegszug zu folgen oder eine bestimmte Anzahl Kämpfer bereitzustellen. Diese Fürsten nahmen Männer in ihren Dienst, die auch dem Ritterstand angehörten. Sie waren aber abhängig von ihrem Herrn, mußten ihm bei der Erfüllung seiner Aufgaben helfen und waren auf Verpflegung und Belohnung angewiesen. Oft stellte der Herr auch die Ausrüstung für seine abhängigen Ritter zur Verfügung. Diese abhängigen Ritter machten die weitaus größere Anzahl unter den Rittern aus. Die reichen, stolzen, ungebundenen Ritter, die uns immer in Ritterfilmen und Rittergeschichten begegnen, waren eher die Ausnahme als die Regel.

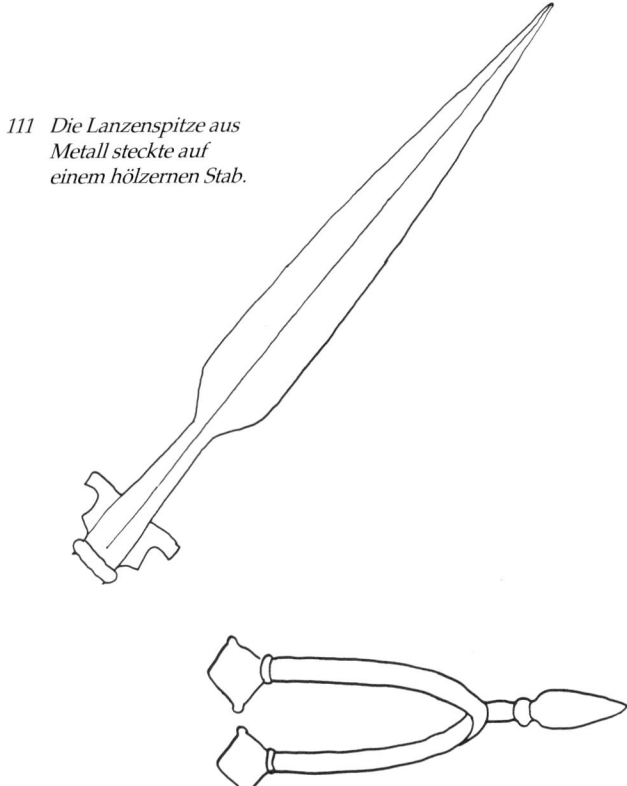

111 Die Lanzenspitze aus Metall steckte auf einem hölzernen Stab.

112 Mit dem spitzen Dorn wurden die Pferde angespornt. An den Enden waren Lederbänder angebracht, die dann um den Fuß befestigt werden konnten.

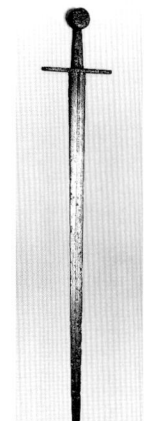

113 Die Handhabung des Schwertes mußte ein Ritter perfekt beherrschen. Schwert um 1200.

Ritter von Beruf

Um Ritter zu werden, mußten die Jungen fast wie bei einem Handwerk "in die Lehre" gehen. Mit etwa sieben Jahren wurden viele an einen fremden Fürstenhof geschickt. Dort verrichteten sie am Anfang Dienste wie Pferdestriegeln, Bedienen bei Tisch usw. Es stand aber auch viel "Sport" auf dem "Stundenplan". Laufen, Schwimmen, Klettern und Ringen waren einige Betätigungen. Wenn die Jungen etwas älter waren, wurden sie von Rittern, die am Hof lebten, im Waffenhandwerk unterwiesen. Von der sicheren Beherrschung von Bogen, Schwert und Axt konnte eines Tages ihr Leben abhängen. Aber auch über die Aufzucht und Abrichtung von Hunden und Jagdfalken mußten die jungen angehenden Ritter Bescheid wissen.
Mit etwa vierzehn Jahren trat ein junger Mann dann fest als Knappe in den Dienst eines Ritters. Hier wurde seine Ausbildung vervollständigt. Er mußte seine reiterlichen Fähigkeiten vervollkommnen: schnelles Auf- und Absitzen, Umwenden, etwas vom Boden aufheben ...

Bei Hof pflegte er den Kettenpanzer seines Herrn und bewirtete höfische Gäste. Beim Turnier und in der Schlacht war er ein unentbehrlicher Helfer des Ritters. Er führte das Streitroß und hielt Schild und Lanze bis unmittelbar vor der Schlacht. Während des Kampfes stand er bereit, um den Ritter z. B. mit einer Ersatzlanze zu versorgen. Das Leben als Knappe bei einer Schlacht war nicht ungefährlich, und manch einer starb, noch bevor er Ritter geworden war.

Die Weihe zum Ritter

Den meisten von Euch fällt sicherlich der "Ritterschlag", also das Berühren mit dem Schwert auf den Schultern ein, wenn es um die Erhebung in den Ritterstand geht. Doch dieses Ritual war in Deutschland lange Zeit unbekannt. Hier stand im Mittelpunkt der Zeremonie das Übergeben der Waffen bzw. das Gürten des Ritteranwärters mit dem Schwert. Doch auch verschiedene religiöse Zeremonien gehörten zum Ritual. Damit wurde der junge Adlige zum waffenfähigen Mann erklärt.

Dieses Ritual der Erhebung des Ritters nennt man "Schwertleite". Schwertleiten fanden oft an hohen kirchlichen Feiertagen statt und waren von großen Festen begleitet.

Hier könnt Ihr aus dem Pferd ein Schlachtroß mit Ritter und allem Drum und Dran machen!

Das Turnier

Ein besonders prächtiges Turnier wurde während des Mainzer Hoftags zu Pfingsten 1184 abgehalten. Im Mittelpunkt des Festes stand die Schwertleite der Söhne des Kaisers Friedrich Barbarossa. Nach der Schwertleite der Kaisersöhne begann ein großes glanzvolles Kampfspiel, an dem mehr als 20 000 Ritter teilgenommen haben sollen. Für den Hoftag war extra eine Zeltstadt aus Hütten und bunten Zelten am Rhein erbaut worden. Das Waffenspiel wurde auch noch am nächsten Tag fortgesetzt, doch dann brach ein Unwetter herein, das die aus Holz errichtete Kapelle und mehrere Zelte zum Einsturz brachte. Einige sahen in diesem Unglück, das in der Zeltstadt geschah, eine Strafe Gottes für das hochmütig-weltliche Treiben des Hofes und der Ritter.

Wann das Turnier genau "erfunden" wurde, das liegt im dunkeln, doch sicher steht es mit Waffentraining und Scheingefechten in Zusammenhang.

Wenn man an Ritterturniere denkt, steht einem der Zweikampf zu Pferd in voller Rüstung vor Augen. Dieser Zweikampf wird "Tjost" genannt. Zwei Ritter galoppieren mit eingelegten Lanzen aufeinander zu und versuchen, den Gegner am Schild oder am Helm zu treffen, um ihn aus dem Sattel zu heben. Der Besiegte gilt als Gefangener und muß an den Sieger Lösegeld zahlen, z. B. sein Pferd und seine Rüstung.

"Turnier" bedeutet eigentlich eine simulierte Reiterschlacht mit stumpfen Waffen. Auf einem abgesteckten großen Platz reiten zwei "Schlachthaufen" in gesteigertem Tempo gegeneinander, wenden und wiederholen den Angriff. Zu einem Turnier gehören aber auch Geschicklichkeitsübungen, bei denen es besonders auf reiterliches Können ankommt.

114 Das Turnier ist sicher aus Scheingefechten und als Waffentraining für den "Ernstfall" entstanden. Miniatur aus einer Handschrift.

115 Kettenhemd und Nasenhelm boten nicht immer genügend Schutz. Fragment eines Aquamaniles, Ende 12. Jahrhundert.

digen konnte. Diese Aufgabe übernahmen die Herolde, die auch eine Art "Schiedsrichter" beim Turnier waren. Von dem Wort "Herold" leitete sich der Begriff "Heraldik" für "Wappenkunde" ab, den man noch heute benutzt.

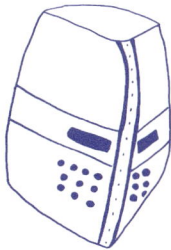

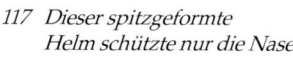

117 Dieser spitzgeformte Helm schützte nur die Nase.

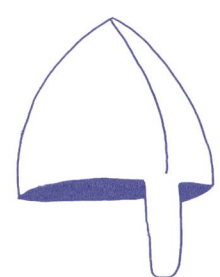

116 Der "Topfhelm" hatte nur Schlitze für die Augen, so daß man das Gesicht nicht mehr erkennen konnte.

Warum das Wappen erfunden wurde

Helme, die den ganzen Kopf verbargen und schützten, entwickelten sich erst nach und nach. Als diese "Topfhelme" aufkamen, brachten sie nicht nur Schutz, sondern auch Probleme. Man konnte nun in der Schlacht und beim Turnier nicht mehr das Gesicht des Reiters erkennen und wußte nicht, wen man vor sich hatte. Um zu sehen, wem man gegenüberstand, brauchten die Ritter eine Art "Visitenkarte", die man schon von weither sehen konnte. So setzte sich das Wappen als Erkennungszeichen mehr und mehr durch.

Allerdings brauchte man nun z. B. bei einem Turnier auch einen Spezialisten, der sich mit den Wappen auskannte und die Ritter nach ihren Wappen erkennen und ankün-

118 Der Topfhelm schützte das ganze Gesicht.

97

Hier habt Ihr Platz, um ein eigenes Wappen zu entwerfen!

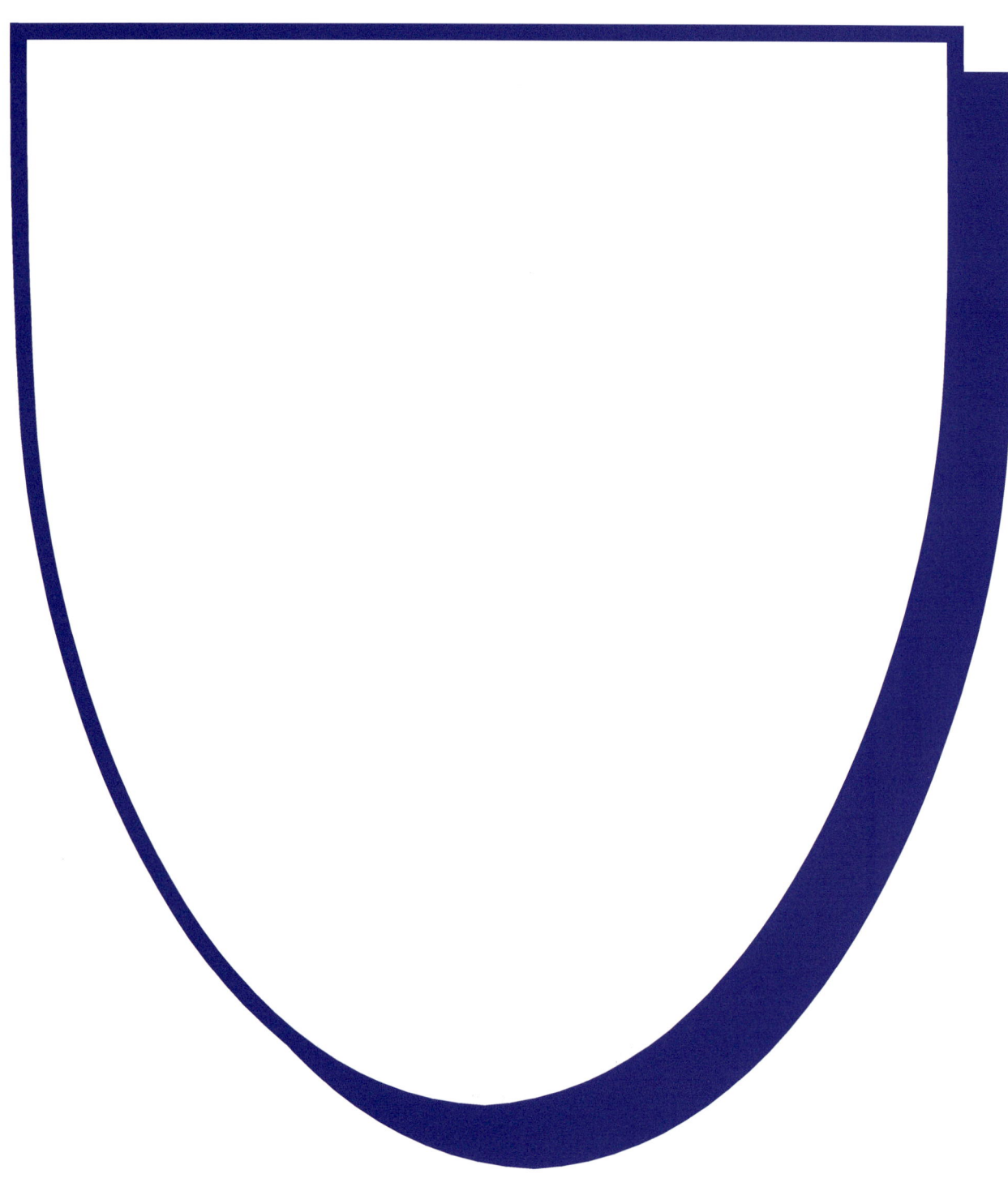

119 Die Bestürmung einer Stadt ist in dieser mittelalterlichen Buchmalerei dargestellt.

Ein Reliquiar für zu Hause

Gesicht mit Bart

Wir sehen das Gesicht eines bärtigen Mannes aus vergoldetem Silberblech. Er schaut starr geradeaus, als wollte er jemanden mit seinen Blicken durchbohren. Vielleicht wollte ihm der Künstler durch einen strengen und ernsten Blick mehr Würde verleihen. Wir wissen nicht, wie dieser Mensch wirklich ausgesehen hat. Der Künstler hat das Gesicht nicht ähnlich geformt, sondern so, daß die Bedeutung des Menschen am besten zur Geltung kommt. Das ist übrigens auch bei allen anderen Abbildungen von Menschen im Mittelalter so. Besonders viel Mühe hat sich der Künstler mit dem Bart und den gelockten Haaren gemacht. Wie wirkt das bärtige Gesicht auf Euch?

König mit Krone

Aha. Auf den Kopf des Bärtigen gehört eine Krone, er ist also ein König. Diese zum Teil goldene Krone ist über und über mit Edelsteinen und Perlen besetzt. An der Art, wie die Krone gemacht ist, können die Kunsthistoriker ihre Entstehung ungefähr in das 13. Jahrhundert legen.

Etwas ganz besonderes ist auf der Schmuckplatte an der Stirnseite der Krone zu sehen: Ein Edelstein zeigt das Bildnis einer Frau. Solche geschnittenen Steine heißen "Gemmen". Sie stammen aus der Zeit der Antike und werden seit dem 5. Jahrhundert nicht mehr hergestellt. Das bedeutet, daß sie besonders kostbar sind und nur sehr wenige hochgestellte Persönlichkeiten solche Steine besitzen. Man bekam sie als besondere Ehre geschenkt, brachte sie von Reisen mit oder plünderte sogar das eine oder andere Grab, um sie zu bekommen.

120-123 Das Kopfreliquiar des heiligen Oswald.

Kuppel statt Körper

Zugegeben, ein etwas ungewöhnlicher Körper für einen König. Er erinnert an den Kuppelbau einer Kirche. Doch dank der Inschrift am Fuß der Kuppel können wir den König identifizieren. Da steht: "König Oswald der Fromme gab sich und das Seinige Christo, bog dem Henker sein Haupt, das hier in Gold verborgen". Erstaunliches kommt da zum Vorschein: Er heißt Oswald, starb offensichtlich als Märtyrer für seinen Glauben und sein Kopf soll gar in der Kuppel verborgen sein?

Über Oswald steht im Lexikon der Heiligen, daß er vor mehr als 1300 Jahren in England gelebt hat. Er ließ sich taufen und war in seinem Land um die Verbreitung des Christentums bemüht. Es gab damals viele Feinde des christlichen Glaubens. Oswald starb im Kampf gegen den nicht-christlichen König Penda aus einem benachbarten Gebiet. Schottische Mönche brachten seine Legende und Verehrung nach Deutschland. Er war also ein Märtyrer und Heiliger.

Körper ist komplett

Nun ist also das sogenannte Kopfreliquiar des Heiligen Oswald vollständig! "Reliquiar" bedeutet, daß in einem sehr kostbaren Behältnis Überreste (Reliquien) von Heiligen aufbewahrt werden. Das können Teile des Körpers oder Dinge sein, die von ihnen berührt wurden. Es heißt, diesen Reliquien wohne eine besondere Kraft inne, die Kraft und Gegenwart der Heiligen. Deshalb verehrten sie die Gläubigen im Mittelalter sehr. Tatsächlich fand man im Innern des Gefäßes einen menschlichen Schädel ohne Unterkiefer. Er war in weißes Leinen, Watte und rote Seide gehüllt. Ob es das Haupt König Oswalds ist, läßt sich heute aber nicht mehr feststellen. Es waren zwei Münzen aus dem 12. Jahrhundert beigelegt, und es wird vermutet, daß auch der Schädel zu der Zeit eingeschlossen wurde.

Auf den acht silbernen Bildplatten des Gefäßteiles sind englische Königsheilige dargestellt; vorn könnt Ihr an der Namensinschrift und dem Bart auch Oswald erkennen. Die anderen heißen Edward, Edmund, Alfred, Sigemundus, Aethelbert, Aedelwold und Cnut. Gestiftet wurde das Reliquiar für den Hildesheimer Dom von Herzog Heinrich dem Löwen und seiner Frau Mathilde, die die Tochter des englischen Königs Heinrich II. war. Die englischen Könige auf den Bildplatten sollen zeigen, daß Mathilde und Heinrich auch von englischen Königen abstammen und somit ihren ganz besonderen Rang betonen.

Ein Reliquiar für zu Hause

1988

machte sich eine Gruppe Restauratoren unter Beratung von Kunsthistorikern daran, das Reliquiar in seine Einzelteile zu zerlegen. Es war in einem schlechten Zustand und mußte dringend gereinigt und ausgebessert werden, um es für die Zukunft zu erhalten. Nach getaner halbjähriger Arbeit sahen sich die Restauratoren vor der kniffligen Aufgabe, diese vielen Teile auch richtig wieder zusammenzusetzen. Wie Ihr seht, hat es geklappt. Nun könnt Ihr Euch selber ein wenig in die Lage der Restauratoren versetzen, viel Glück!

Und so gehts:

1. Wenn Euer Reliquiar bunt aussehen soll: am Besten vor dem Ausschneiden anmalen!

2. Ihr benötigt eine Schere und einen Klebestift.

3. Nun alle Teile ausschneiden. Die gestrichelten Linien markieren die Klebefläche oder Einschnitte. Klebeflächen umknicken.

4. Die Zahl auf jedem Teil ist wichtig für die Reihenfolge des Zusammenklebens. Schreibt sie auch auf die Rückseiten.

5. Die Teile 1-8 (Kuppel) in der richtigen Reihenfolge zusammenkleben. (Achtung: die schwarzen Linien müssen genau übereinanderkleben.) Die obere Lasche braucht Ihr erst am Ende für den Kopf.

6. Das Gefäßteil in derselben Reihenfolge zusammenkleben, Nr. 8 noch nicht mit Nr. 1 verkleben.

7. Die fertige Kuppel nun an das Gefäß kleben; achtet darauf, daß die Zahl von Kuppel- und Gefäßteil gleich ist.

8. Nun Nr. 1 und Nr. 8 des unteren Gefäßteils schließen.

9. Nun noch den Kopf zusammenkleben, den Halskragen an den Laschen der Kuppel befestigen, fertig!

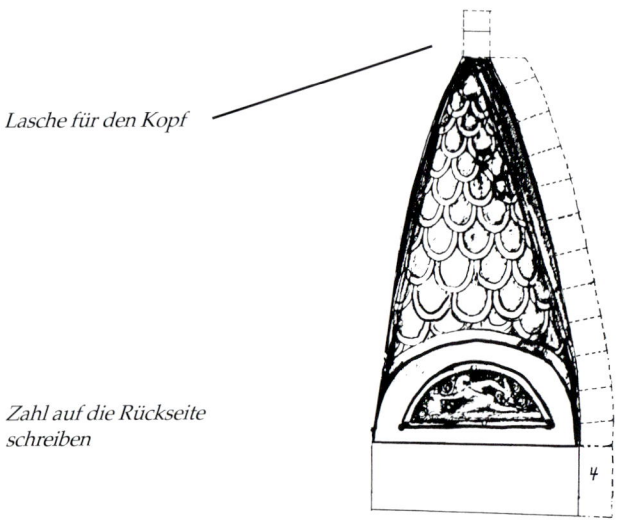

Lasche für den Kopf

Zahl auf die Rückseite schreiben

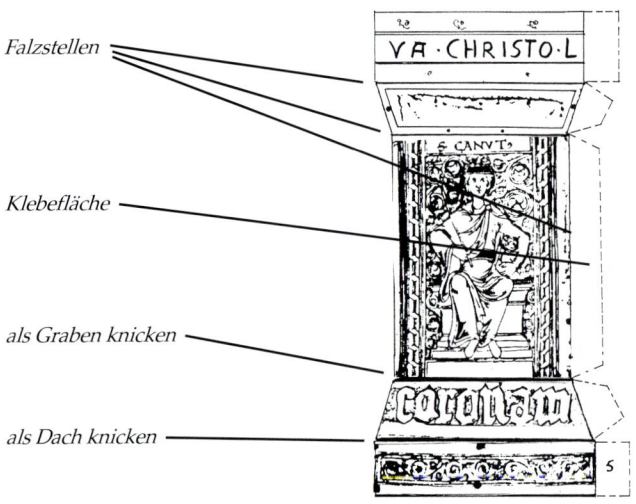

Falzstellen

Klebefläche

als Graben knicken

als Dach knicken

124   Das Kopfreliquiar des heiligen Oswald ist um 1180 entstanden.

125 - 129   Bastelbögen für das Kopfreliquiar des heiligen Oswald.

VA·CHRISTO·L

S·CANVT·

coronam

5

ICTORIQVE·CA

S·EDELBERT

delapive

6

PVT·QVOD·IN

S·EDMVNDVS

prebold

7

AVRO·CONDI·

SIGEMVNDVS

maniec

8

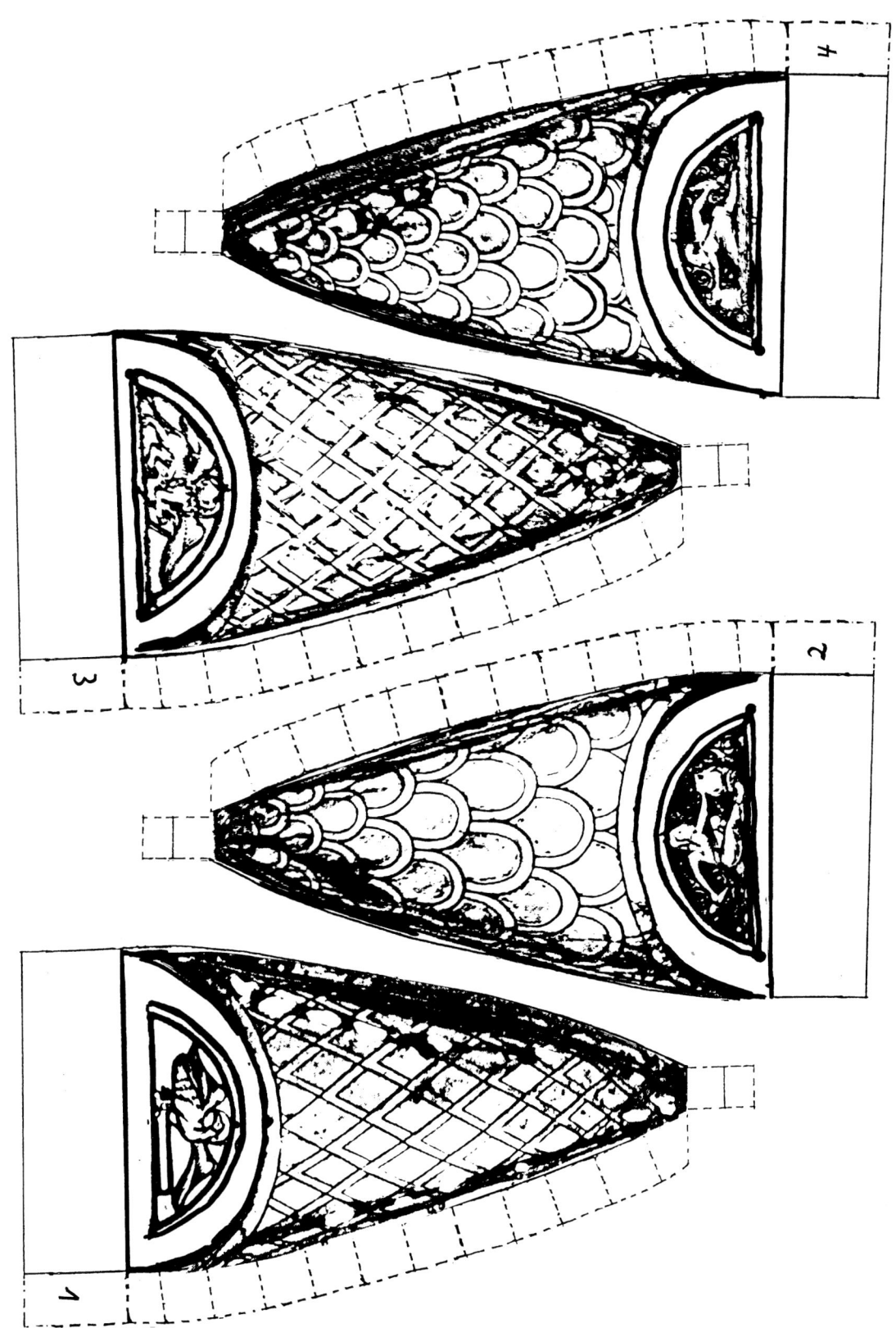

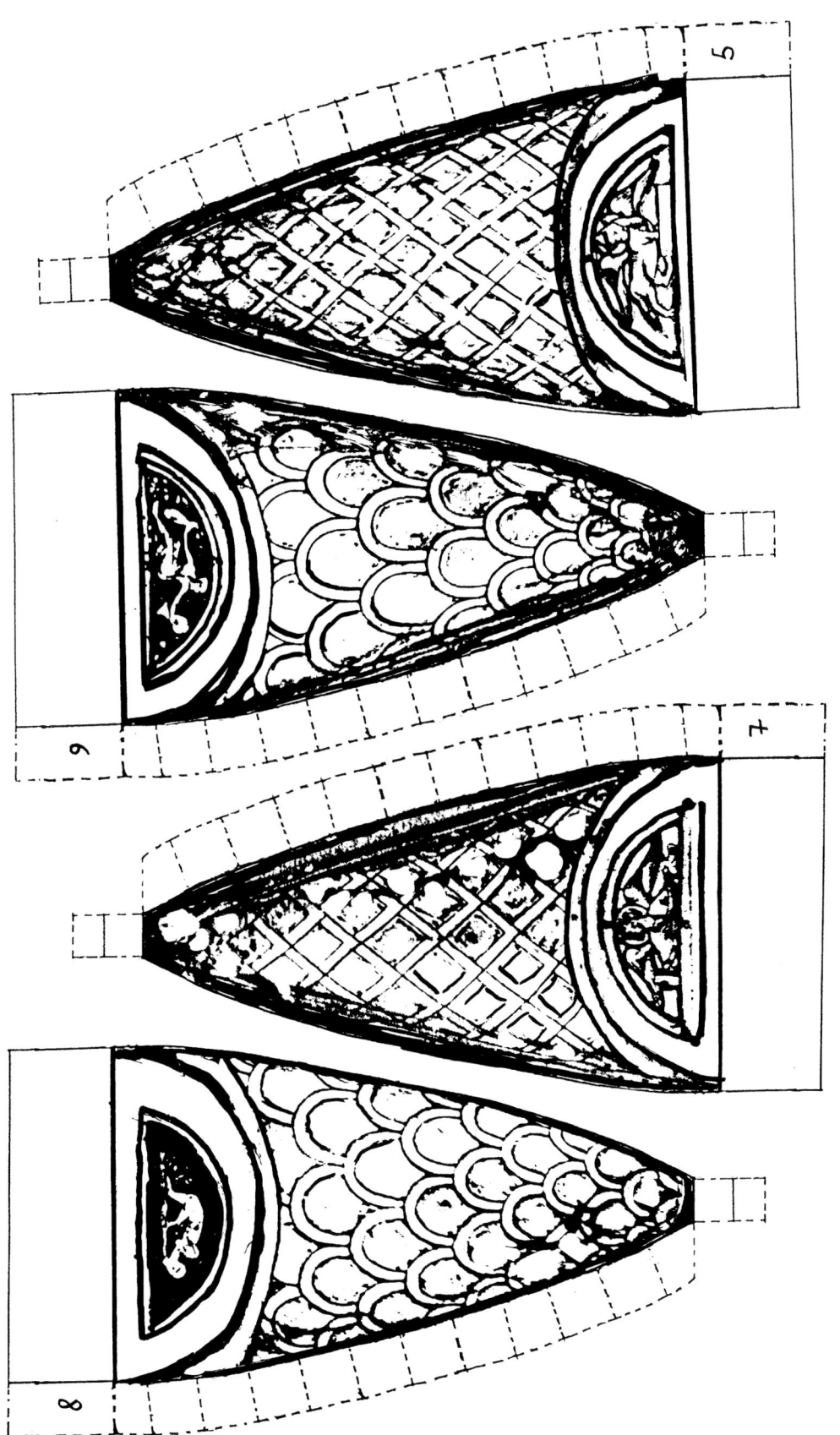

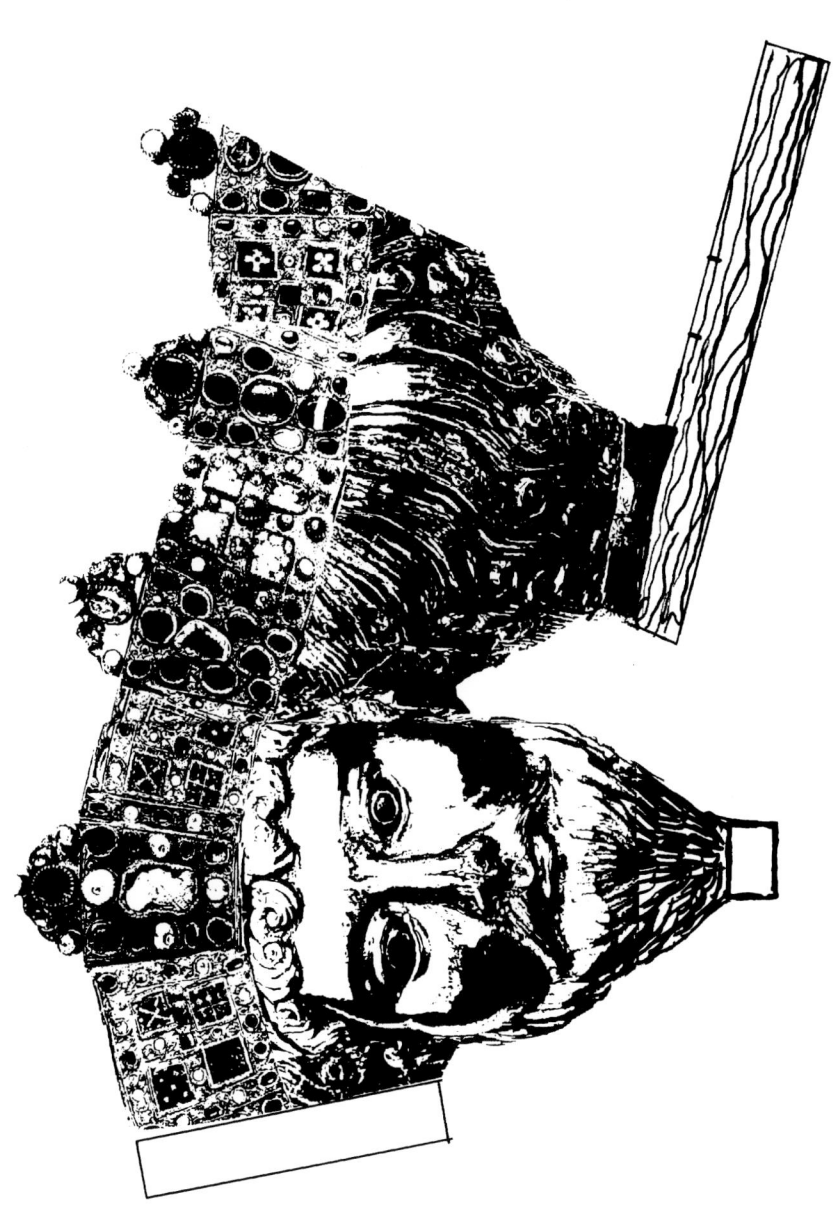

130 So sieht Euer selbstgebasteltes Oswald-Reliquiar aus, wenn es fertig ist. Und nun viel Spaß dabei!

Roger von Helmarshausen

Burg, Rittersaal
Abb. 132: (G 72)
Abb. 135: (G 71)
Abb. 136: (G 35)

Ein Künstlermönch vor 900 Jahren

Ein Altar für unterwegs

So könnte es vor 900 Jahren geschehen sein: Bischof Heinrich von Paderborn ist unterwegs zu seinem obersten "Chef", zum Papst nach Rom. Die Reise hoch zu Roß quer durch Deutschland, über die Alpen und durch Ober- und Mittelitalien dauert für ihn und seine Begleiter mehrere Wochen. (Heute benötigt Ihr mit der Bahn nur einen Tag für diese Tour!) Unterwegs müssen sie so manches Mal im Freien campieren. Doch ganz gleich, an welchem Ort sie sich befinden, ob in einem Kloster, einem Dorf, auf einer Wiese oder im Wald, Bischof Heinrich liest jeden Tag pflichtbewußt und aus frommer Überzeugung die Messe, das heißt, er feiert mit seinen Leuten Gottesdienst.

131 Der Tragaltar aus dem Paderborner Dom in voller Pracht. Er ist um 1100 entstanden.

Den Altar für die Messe hat er im Reisegepäck. Nun ist so ein "Reisealtar" natürlich längst nicht so groß und schwer, wie die Altäre, die in den Kirchen stehen, denn sonst würden die armen Pferde oder Maultiere, die ihn tragen müssen, ja bald zusammenbrechen.

Ob gerade dieser Tragaltar aus dem Paderborner Dom allerdings auf "Dienstreisen", Pilgerfahrten oder Kriegszügen mitgenommen worden ist, kann man zu Recht in Frage stellen. Für einen Reisealtar ist er nämlich eigentlich viel zu kostbar.

Es handelt sich um einen Kasten aus Eichenholz, der teilweise mit vergoldetem Silberblech bekleidet ist. Ihr könnt, wenn Ihr genau hinseht, die Nägel erkennen, mit denen das Blech befestigt worden ist. Neben den Vergoldungen gehören auch Halbedelsteine und Perlen zum Schmuck des Tragaltars. Der eigentliche Altarstein, der von oben in den Kasten eingelassen ist, besteht aus grünem Marmor.

Auf der Oberseite des Altars ist neben dem Stein außer dem bedeutenden Bischof Meinwerk von Paderborn auch Bischof Heinrich (nach seinem Herkunftsort auch Heinrich von Werl genannt) auf einer "Niello"-Platte abgebildet.

(Über "Niello" könnt Ihr in dem Informationskästchen auf dieser Seite und im letzten Abschnitt dieses Kapitels Genaueres erfahren.)

Bischof Heinrich ist zu sehen, wie er gerade einen auf einem "richtigen" Altar stehenden Tragaltar einsegnet. Wahrscheinlich ist damit genau dieser kostbare Altar gemeint, auf dem sich die Abbildung befindet.

Einen ganz ähnlichen Tragaltar, der auch aus Paderborn stammt und dem gleichen Künstler zugeschrieben wird, könnt Ihr in der Ausstellung betrachten. Er gehörte dem Kloster Abdinghof. Bei diesem Altar befindet sich oben wiederum ein Altarstein, an den Wänden und an den Rändern der Oberseite sind vergoldete Kupferplatten graviert und zum Teil ausgeschnitten worden.

Was bedeutet Niello?

Die Bezeichnung "Niello" kommt vom Lateinischen "nigellus" = schwärzlich. Niellotechnik bedeutet, daß auf Metallgegenständen eine Zeichnung bzw. ein Muster eingraviert (eingeschnitten) wird, in die eine Mischung aus Blei, Kupfer, Salmiak und Schwefel eingeschmolzen wird; nach dem Polieren hebt sich die schwärzliche Zeichnung vom Metall ab.

132 Der Tragaltar für das Benediktinerkloster Abdinghof stammt vermutlich aus der gleichen Werkstatt wie der Altar für den Dom.

Sucht den Abdinghofer Tragaltar und findet heraus, von welcher seiner Seitenwände der folgende Ausschnitt stammt! Er stellt eine grausame Szene aus der Leidensgeschichte des heiligen Blasius dar, dessen Haut der Legende nach mit eisernen Harken aufgerissen worden sein soll.

133 St. Blasius muß leiden. Detail vom Abdinghofer Tragaltar.

Künstler und Auftraggeber

Wer hat nun diese kostbaren Tragaltäre hergestellt? Bei vielen Kunstwerken aus dem Mittelalter können wir die Frage nach dem Künstler nicht beantworten, denn es war damals nicht üblich, seine Werke zu signieren, mit einem Namenszeichen zu versehen. Außerdem galten diese Arbeiten nicht als Kunstwerke im heutigen Sinne, sondern als fromme Werke zu Ehren Gottes. Nur die Stifter, die Auftrag- und vor allem Geldgeber haben sich häufiger mit Bild und Namen darstellen lassen, damit man für sie betete.

Doch bei dem Tragaltar aus dem Paderborner Dom kennen wir ausnahmsweise auch den Künstler. Eine Urkunde, die zwar in der Form gefälscht, ihrem Inhalt nach aber wohl richtig ist, besagt nämlich, daß Bischof Heinrich am 15. August des Jahres 1100 dem Kloster Helmarshausen die Kirche eines benachbarten Ortes und die Zehntabgaben (eine Art Steuern) der Bauern und Hörigen (Abhängigen) eines anderen Ortes überläßt. Diese Gaben dienen als Bezahlung für ein Goldkreuz und für einen von einem "Bruder Rogkerus" gearbeiteten Schrein, der den Heiligen Kilian und Liborius geweiht war. Genau diese Heiligen finden sich nun auf dem vergoldeten Tragaltar aus dem Paderborner Dom wieder. Da ja auch Bischof Heinrich auf dem Altar abgebildet ist, wie Ihr vorhin schon erfahren habt, kann es sich nur um den Tragaltar handeln, den "Bruder Rogkerus", in heutiger Schreibweise "Bruder Roger", aus Helmarshausen angefertigt hat.

Was wissen wir über Bruder Roger?

Die Bezeichnung "Bruder" (lateinisch "frater") in der Urkunde aus dem Jahre 1100 bedeutet in diesem Zusammenhang, daß es sich bei unserem Künstler Roger um einen Mönch handelt. Da das Kloster Helmarshausen die Bezahlung für den Tragaltar bekommt, könnte man annehmen, daß Roger ein Mönch dieses Klosters war.

Da beginnen aber schon die Probleme: Aus anderen Überlieferungen weiß man, daß Roger bis kurz nach dem Jahr 1100 im Kloster Stablo (heute Stavelot, nicht weit vom Bischofssitz Lüttich; vergleicht dazu die Karte!) gelebt hat. Das bedeutet, daß entweder das Kloster Helmarshausen den Altar bei einem Stabloer Mönch in Auftrag gegeben hat, weil dieser ein Spezialist für solche Goldschmiedearbeiten war, oder ...? Was gibt es noch für Erklärungsmöglichkeiten?

_____

_____

_____

_____

Richtig! Entweder ist das Datum der Urkunde falsch und sie wurde erst Jahre später geschrieben, als Roger wirklich als Mönch in Helmarshausen lebte, und später zurückdatiert (Urkundenfälschung!), oder Roger war zwar Helmarshäuser Mönch, lebte aber als "Gastarbeiter" im Kloster Stablo.

Wie Ihr seht, ist es nicht so einfach, Roger auf die Spur zu kommen. Einige Wissenschaftler haben versucht, anhand von Kunstwerken, aus denen sie seine "Handschrift" zu erkennen meinen, und aus Erwähnungen Rogers in Gebets- bzw. Gedenkbüchern verschiedener Klöster seinen Lebensweg nachzuvollziehen. Sie gehen heute davon aus, daß Roger links des Rheins irgendwo im heutigen Grenzbereich von Belgien und Deutschland geboren wurde. Bis kurz nach 1100 soll er im Kloster Stablo gelebt haben, dann im Kloster St. Pantaleon in Köln und ab dem Jahr 1107 überwiegend im Kloster Helmarshausen. Kurz nach dem Jahr 1125 soll er gestorben sein.

Die Lebensstationen des Roger von Helmarshausen

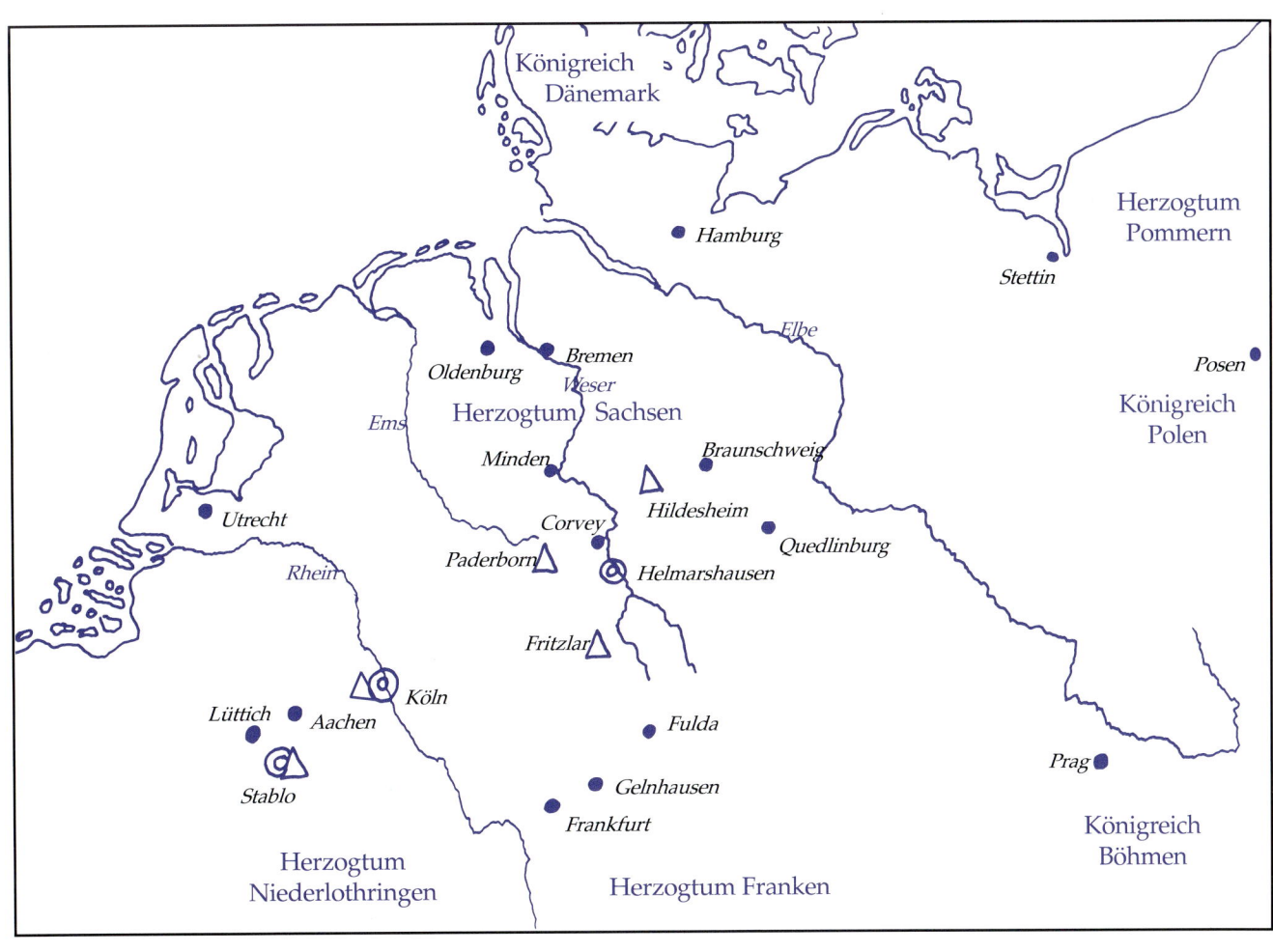

134 Karte der Lebensstationen und der von Roger von Helmarshausen beeinflußten Werkstätten.

◎ = *vermutete oder nachgewiesene Lebensstationen Rogers von Helmarshausen*

△ = *Orte, für die Roger und seine Werkstatt Kunstwerke geschaffen haben, oder in denen Werkstätten bestanden, die von der Werkstatt Rogers abhingen*

● = *Orte zur Orientierung*

Sucht in Eurem Schulatlas für Erdkunde oder im Autoatlas die betreffenden Orte. (Falls Ihr Stavelot nicht findet, nehmt stattdessen das in der Nähe gelegene Lüttich/Liège.)

Zu welchen Staaten oder Bundesländern gehören diese Orte heute?

Roger ist ein sehr bedeutender Künstler gewesen, auch wenn man ihm persönlich ganz sicher nur unseren Paderborner Tragaltar zuordnen kann. Es gibt jedoch etliche Kunstwerke - alles Werke für den Gebrauch im Gottesdienst -, die sicher von ihm oder seinen Mitarbeitern oder Schülern stammen, da sie im künstlerischen Stil eng verwandt sind.

Durch Vergleiche kann man Roger und seiner Werkstatt eine Anzahl von Werken der Gold- und Silberschmiedekunst zuordnen. Auch lassen sich verschiedene Orte ermitteln, an denen - oder in deren Nähe - Goldschmiedearbeiten hergestellt wurden, die von Roger und seiner Werkstatt beeinflußt wurden. Helmarshausen ist dabei das Zentrum, wo Roger selbst längere Zeit gearbeitet hat. Daneben gab es beispielsweise eine bedeutende Werkstatt in Hildesheim und eine Werkstatt, aus der einige schöne Arbeiten im Schatz der Stiftskirche von Fritzlar (in Hessen) stammen.

Was hat Roger mit Theophilus zu tun?

Aus der gleichen Zeit, in der Roger wirkte, ist uns das bedeutendste Lehrbuch des Mittelalters über verschiedene Techniken des Kunsthandwerks überliefert. Als Verfasser wird ein Presbyter (Priester) namens Theophilus bezeichnet.

Die Tatsache, daß gerade die Gold- und Silberschmiedearbeiten in diesem Handbuch eine große Rolle spielen, hat unter anderem dazu geführt, daß viele Wissenschaftler heute annehmen, daß es sich bei dem Presbyter Theophilus um unseren Künstlermönch Roger handelt. Er hätte sein Lehrbuch dann unter einem Pseudonym bzw. einem "Künstlernamen" veröffentlicht, wie es heute noch manche Autoren praktizieren.

Ganz sicher werden wir wahrscheinlich nie wissen, ob nun Roger von Helmarshausen und Theophilus dieselbe Person sind. Jedenfalls haben Roger und seine Mitarbeiter und Schüler bei der Herstellung ihrer Kunstwerke so gearbeitet, wie es in der "Schedula diversarum artium" ("Urkunde" der verschiedenen Künste) aufgezeichnet ist. Als ein Beispiel stellen wir Euch Auszüge aus den Kapiteln über die Niello-Technik vor, denn gerade Niello-Arbeiten spielen eine große Rolle bei den Kunstwerken des Roger von Helmarshausen. Wenn Ihr genug Silber, Kupfer, Blei, Schwefel, Gänsekiele und vor allem Ohrenschmalz zur Verfügung habt, könnt ihr ja einmal versuchen, nach dem Lehrbuch des Künstlermönchs Theophilus (= Roger?) zu arbeiten.

Ein Fachmann über Niello-Technik

"Nimm reines Silber, teile die Menge in zwei Teile von gleichem Gewicht und füge einen dritten Teil reines Kupfer hinzu (...). Wiege soviel Blei, wie die Hälfte der Kupfermenge beträgt (...). Nimm gelben Schwefel, zerkleinere ihn in kleine Stücke, (...) schmelze das Silber zusammen mit dem Kupfer (...) und gib sofort das Blei und den Schwefel hinein, (...) stelle es ans Feuer, bis es flüssig wird, rühre wieder und gieße das Ganze in eine eiserne Gußform. Bevor es auskühlt, hämmere es ein wenig, (...) bis es ganz dünn wird (...). Das dünn gewordene Niello aber gib in ein tiefes und dickwandiges Gefäß, gieße Wasser darauf und zerstoße es ganz fein mit einem runden Stößel, nimm es heraus und laß es trocknen, (...) und was fein genug zerkleinert ist, gib in einen Gänsekiel und verschließe diesen (...). (Buch III, Kapitel 28)

Wenn Du so mehrere Federkiele gefüllt hast, nimm dasjenige Gummi, das Parahas (Borax) genannt wird, und zerreibe ein kleines Stückchen davon mit Wasser in einem Gefäß, so daß das Wasser sich nur gerade eben trübt, und mit diesem Wasser befeuchte zuerst die Stelle, an der du das Niello auftragen willst; dann nimm einen Federkiel und stoße mit einem leichten Eisen das gemahlene Niello vorsichtig darüber heraus, bis du die betreffende Stelle ganz bedeckst, und so verfahre überall. Dann häufe reichlich glühende Kohle auf, setze das Gefäß dazwischen und bedecke es sorgfältig, so daß auf das Niello keine Kohle gelegt wird oder fällt. Wenn das Niello geschmolzen ist, halte das Gefäß mit einer Zange (...) und gib acht, daß das Niello nicht auf den Boden tropft (...). (Buch III, Kapitel 29)

(...) schabe mit einem Schabeisen sorgfältig über alle Stellen, die du mit Niello geschwärzt hast. Dann brauchst du einen weichen schwarzen Stein, der sich leicht schneiden und beinahe mit dem Fingernagel ritzen läßt, und mit diesem reibe das Niello, das du zuvor mit Speichel befeuchtet hast, vorsichtig und gleichmäßig überall, bis alle Linien (der Zeichnung) deutlich zu sehen sind und die Oberfläche ganz glatt ist (...). Dann nimm etwas Schmalz aus deinem Ohr und bestreiche damit das Niello, nachdem du es mit einem feinen Leinentuch abgerieben hast; (schließlich) reibe es leicht mit Bocks- oder Hirschleder, bis es ganz glänzend wird." (Buch III, Kapitel 41)

Q 18   Theophilus: Schedula diversarum artium

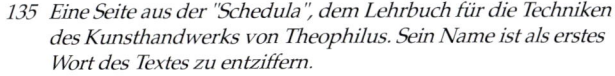

135 Eine Seite aus der "Schedula", dem Lehrbuch für die Techniken des Kunsthandwerks von Theophilus. Sein Name ist als erstes Wort des Textes zu entziffern.

Ein Kelch mit Niello

In Niellotechnik ist auch bei der Gestaltung eines Kelches gearbeitet worden, der vermutlich in einer Hildesheimer Goldschmiedewerkstatt entstanden ist, die in enger Beziehung zu der Werkstatt des Roger von Helmarshausen stand. Zu erkennen ist eine Szene mit der Ankündigung der Geburt Christi durch den Engel Gabriel, der zu Maria spricht. Die Materialien Gold, Silber und Niello ergänzen sich so harmonisch, daß beim Betrachten des Kelches der Eindruck eines "farbigen Dreiklanges" entsteht.

Sucht den Kelch in der Ausstellung und zeichnet den fehlenden Teil ein, damit er auch stehen kann! Ihr könnt euch natürlich auch einen Fuß ausdenken, der Euch gefällt!

136 Dieser kunstvoll gearbeitete Kelch ist etwa um 1200 entstanden.

"Ausflug nach Mecklenburg"

Heinrichs Kampf gegen die Slawen

"Um jene Zeit führte unser jugendlicher Herzog Prinzessin Clementia, die Tochter des Herzogs von Zähringen, heim und begann über das ganze Land der Slawen zu herrschen, wobei er immer größer und mächtiger wurde. Denn so oft ihm die Slawen widerstrebten, überzog er sie mit Kriegesmacht, und sie gaben ihm, um Leben und Land zu retten, was er nur forderte. Aber auf allen Feldzügen, die der noch junge Mann ins Slawenland hinein unternahm, war keine Rede vom Christentum, sondern nur vom Gelde."

Q 19   *Helmold von Bosau*

So berichtet der Priester Helmold aus Bosau am Plöner See über den jungen Herzog Heinrich den Löwen und seine Kriegszüge gegen die Slawen. Doch wer waren überhaupt die Slawen, und wo lebten sie? Noch heute unterscheiden wir slawische Sprachen wie beispielsweise Polnisch, Russisch oder Tschechisch von romanischen Sprachen wie Französisch oder Italienisch oder von germanischen Sprachen wie Englisch, Dänisch oder Deutsch. Die slawischen Völker im Gebiet des heutigen Deutschland siedelten zur Zeit Heinrichs des Löwen im Raum nördlich und östlich der Elbe. Die dicken schwarzen Punkte auf der Karte zeigen Euch, wo man slawische Burgen nachgewiesen hat, meist durch Ausgrabungen.

Wie diese Burgen ausgesehen haben könnten, zeigt Euch die Rekonstruktionszeichnung einer Anlage aus Mecklenburg. Die Burgen lagen häufig auf Inseln in Seen - warum wohl? - und boten meist sowohl einem Fürsten mit seiner Hofhaltung Schutz als auch einer kleinen Handwerker- und Kaufleuteansiedlung.

Rekonstruktion = Wiederherstellung, Nachbildung

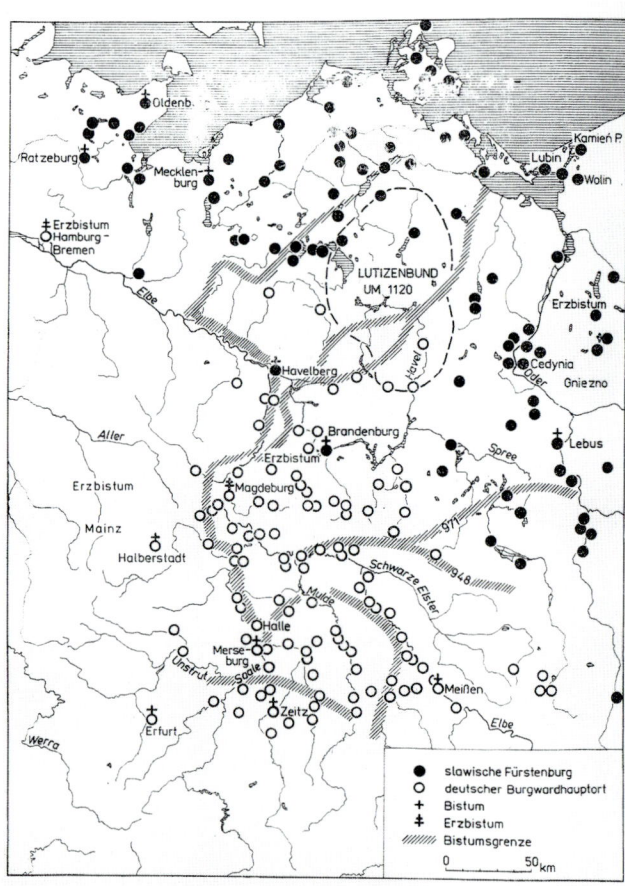

137 *Slawische und deutsche Burgen in der Zeit zwischen 1000 und 1200 mit eingetragenen Grenzen der Bistümer. Vergleicht eine aktuelle Atlaskarte!*

Doch gegen die geballte Macht der Ritterheere aus dem "Heiligen Römischen Reich Deutscher Nation" hielten sie nur teilweise stand. So gelang es Heinrich dem Löwen und seinen Vasallen mit ihren Kriegern, auch unter Ausnutzung von Streitigkeiten zwischen den slawischen Fürsten, große Bereiche der heutigen Bundesländer Schleswig-Holstein und Mecklenburg-Vorpommern von den Slawen zu erobern.

138 *So könnte die slawische Burg von Behren-Lübchin in Mecklenburg zur Zeit Heinrichs des Löwen ausgesehen haben.*

Vasallen = Lehnsmänner, Gefolgsleute - meist Ritter

Dies geschah zum Teil zusammen mit dem dänischen König, zum Teil gegen ihn. Sogar einen regelrechten Kreuzzug gegen die "Wenden", eine andere Bezeichnung für die slawischen Nachbarn (Ihr kennt sicher das Wendland), führten Heinrich und andere deutsche Fürsten im Jahre 1147. Das bedeutet, sie kämpften mit dem ausdrücklichen Segen des Papstes gegen die Slawen, um sie von ihrem Götterglauben zum christlichen Glauben zu bekehren. Doch in Wirklichkeit - so berichtet es uns ja auch Helmold - ging es den meisten von ihnen in erster Linie darum, Land zu erobern und Geld und Schätze zu gewinnen. Das zeigt sich zum Beispiel darin, daß manche Kreuzfahrer auch gegen solche slawischen Völker kämpften, die längst zum Christentum übergetreten waren.

Über eine Episode aus diesem Kreuzzug gegen die Wenden berichtet unser "Zeitzeuge" Helmold von Bosau :

"Da eilte das ganze Kreuzheer, ins Land der Slawen zu ziehen und deren Missetat zu strafen. Das Heer wurde geteilt und man schloß zwei Festungen ein, (...), gegen die man viele Belagerungswerke erbaute. Auch das Aufgebot der Dänen zog herbei (...); die Belagerung dauerte sehr lange. Eines Tages nun beobachteten die Eingeschlossenen, daß das Heer der Dänen sehr lässig war (...), überraschend fielen sie aus, erschlugen viele Dänen und düngten mit ihren Leibern die Erde. Man konnte ihnen auch keine Hilfe bringen, weil der See dazwischen lag. Das Heer ergrimmte über den Vorfall und verschärfte noch die Belagerung. Die Vasallen unseres Herzogs (Heinrich) und des Markgrafen Albrecht meinten aber untereinander: 'Ist es nicht unser Land, das wir verheeren, und unser Volk, das wir bekämpfen? Warum benehmen wir uns denn wie unsere eigenen Feinde und vernichten unsere eigenen Einkünfte?' (...) Als es die Unsern endlich satt hatten, traf man folgende Übereinkunft: die Slawen sollten den christlichen Glauben annehmen und die gefangenen Dänen freilassen. Da wurden viele von ihnen falsch getauft, (...)."

Q 20 Helmold von Bosau

139 *"Heinrich der Löwe hat die Wenden gedemütigt", Zeichnung aus dem Jahre 1781.*

Was ist hier wohl mit dem Ausdruck "falsch getauft" gemeint?

_____

_____

Letztlich gelang es Heinrich Jahre nach dem Wendenkreuzzug nach vielen Kämpfen, das Gebiet des heutigen Mecklenburg zu erobern.

Die hier abgebildete Darstellung zeigt Heinrichs Triumph über die Wenden, so wie man ihn sich vor über zweihundert Jahren vorgestellt hat. Der stolze Herzog reitet auf einem prächtigen Pferd und sieht auf die gedemütigten Wenden hernieder. Diese sind vor dem Herzog mit an groben Stricken vom Hals herunterhängenden Schwertern in die Knie gegangen. Der morsche Baum, über den Heinrich reitet, soll sicherlich ein Symbol für den Untergang der Wenden sein.

Dennoch war Heinrich darauf angewiesen, mit einigen slawischen Fürsten zusammenzuarbeiten. Er konnte das Land allein mit seinen Leuten nicht beherrschen. So hat er beispielsweise im Jahre 1167 die Herrschaftsgewalt in Mecklenburg (bis auf die Grafschaft Schwerin) dem Obodritenfürsten Pribislaw als Lehen übergeben.

Lehen = Land oder Rechte, die ein Fürst (König, Herzog, Bischof o. ä.) einem Vasallen übergibt, der ihm dafür Dienste - vor allem Kriegsdienst - zu leisten hat.

Dessen Vater Niklot, der immer wieder gegen Heinrich gekämpft hatte, war acht Jahre vorher von sächsischen Rittern getötet worden. Seinen Kopf hatte Heinrich der Löwe auf eine Lanze stecken lassen.

In den eroberten Gebieten vermischten sich im Laufe der Jahrhunderte die slawischen Einwohner mit den deutschen oder auch flämisch-holländischen Siedlern. Übrigens: Es gibt noch heute Slawen in Deutschland. Wißt Ihr oder könnt Ihr herausfinden, wie diese Volksgruppe heißt und in welchem Gebiet sie lebt?

_____

_____

_____

_____

_____

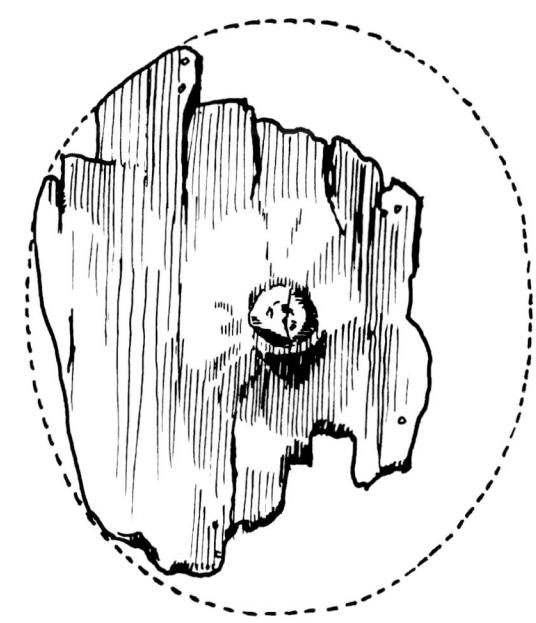

140 Überreste eines slawischen Schildes aus Mecklenburg.

141 Auf diesem Standbild ist die slawische Gottheit Svantevit dargestellt. Zeichnung nach einer Rekonstruktion von Funden auf der Insel Rügen.

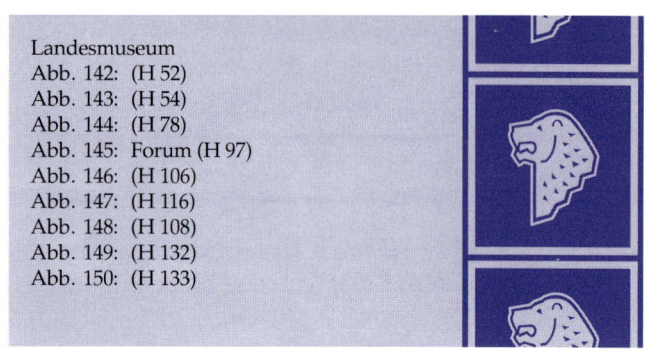

Tot, aber noch lange nicht vergessen

Vom "Nachleben" Heinrichs des Löwen

Am 6. August 1195 starb Heinrich der Löwe. Über seinen Tod berichtet Arnold von Lübeck in seiner Chronik:

"Zur selben Zeit starb der berühmte Herzog Heinrich in Bruneswich. Er hat, wie Salomo, durch all seine Arbeit, die er unter der Sonne gehabt hatte, nichts erreicht, als ein recht sehenswürdiges Grabmal, in welchem er mit seiner Gemahlin Mathilde in der Kirche des heiligen Bischofs und Märtyrers Blasius beigesetzt wurde. Denn, wie Salomo bezeugt, alle nehmen dasselbe Ende, es schwindet der Gelehrte dahin wie der Ungelehrte, 'und wie der Weise stirbt, also auch der Narr'."

Q 21   Arnold von Lübeck

Auf dem nebenstehenden Bild, einem Holzstich, der aus einem Buch zur deutschen Geschichte stammt, seht Ihr, wie ein Buchillustrator sich vor 120 Jahren den Tod Heinrichs des Löwen vorgestellt hat. Die Sterbeszene wirkt - auch wenn Heinrich im Bett stirbt - recht dramatisch. Das bewirkt vor allem der Blitz, der vom Himmel herabzuckt und der gewissermaßen das göttliche Zeichen darstellt, daß hier etwas Besonderes geschieht, ein Zeichen dafür, daß Heinrich der Löwe doch kein ganz gewöhnlicher Sterblicher war. (Laut dem Bericht des Abtes Gerhard von Steterburg soll der Blitz allerdings schon vierzehn Tage vor dem Tod Heinrichs zu sehen gewesen sein.)

Findet Ihr, daß das mit dem oben wiedergegebenen Text des Arnold von Lübeck zusammenpaßt?

———————————————————

Der Blitz am nächtlichen Himmel ist wohl auch die Ursache für die erschreckten Blicke des Mannes und des Jungen, die an Heinrichs Sterbelager stehen. Diese Blicke tragen ebenso wie die ausgeprägten Handbewegungen der

dargestellten Personen zur "Dramatik" des Bildes bei. Wenn wir uns schon mit den Personen beschäftigen, die auf dem Bild zu sehen sind, dann könnt Ihr den alten Herzog Heinrich auf dem Sterbelager sicher ohne Probleme als solchen erkennen. Doch um was für eine Person handelt es sich bei dem Mann, der dem Betrachter den Rükken zukehrt? Welchen Beruf übt er aus und aus welchem Buch könnte er dem sterbenden Heinrich etwas vorlesen?

———————————————————

———————————————————

———————————————————

Wenn Arnold von Lübeck schreibt, daß Heinrich der Löwe in seinem Leben außer einem sehenswerten Grabmal eigentlich nichts erreicht habe, so stimmt das unserer Meinung nach nicht ganz. Im Gegensatz zu den meisten seiner Zeitgenossen, all den Bauern, Stadt- oder Burgbewohnern und ihren Familien, von denen wir heute gar nichts mehr wissen, ist die Erinnerung an Heinrich noch ziemlich lebendig. Heinrichs Persönlichkeit und seine Taten - im Guten wie im Bösen - hatten die Menschen so beeindruckt, daß sie die Geschichten über den Herzog weitererzählten, zum Teil auch ausschmückten und sogar aufschrieben. Ein Beispiel für diesen Vorgang ist die Entstehung der Sage von Heinrich und dem Löwen, die wir Euch weiter vorn in dem Kapitel "Ein Löwe kratzt am Dom" berichtet haben. Doch auch Heinrich selbst hat dafür gesorgt, daß seine Taten nicht vergessen wurden. So hat er viele Kunst- und Bauwerke gestiftet, die mit seinem Namen verbunden bleiben. Wenn Ihr in diesem Buch etwas herumschmökert, könnt Ihr sicher einige von diesen Kunst- oder Bauwerken nennen:

———————————————————

———————————————————

Heinrich der Löwe.

142 Das Sterben des berühmten Herzogs Heinrich wird von einem Blitz ins rechte Licht gerückt. Darstellung aus einem bebilderten Geschichts-
buch aus dem Jahre 1875.

Mit am bekanntesten ist wohl das "Evangeliar Heinrichs des Löwen", in dem er und seine Frau Mathilde sogar abgebildet und namentlich genannt sind.

Zu diesen "künstlerischen" Erinnerungen kommen die schriftlichen Berichte aus der Zeit Heinrichs hinzu wie zum Beispiel die Chronik des Arnold von Lübeck, aus der wir oben zitiert haben, und die Urkunden, die im Auftrag Heinrichs aufgeschrieben und von ihm besiegelt worden sind. Etliche von diesen Urkunden sind bis in unsere Zeit erhalten geblieben, und einige davon könnt Ihr auch in der Ausstellung sehen. Die Ausstellung selbst ist übrigens ein Beispiel dafür, daß Heinrich auch heute nicht vergessen ist. Sie findet immerhin anläßlich seines 800. Todestages statt.

Im folgenden wollen wir Euch an einigen Beispielen zeigen, was für Vorstellungen von Heinrichs Leben und Wirken sich Menschen in den letzten zweihundert Jahren gemacht haben und wie Heinrich der Löwe für die Politik und für die Werbung in Anspruch genommen worden ist und zum Teil noch wird.

Heinrich als siegreicher Ritter und als Stadtgründer

Vor hundertsiebzig Jahren ist ein Gemälde entstanden, das Heinrich den Löwen im Kampf gegen die rebellischen Römer zeigt.

Ganz zentral in der Bildmitte könnt Ihr den noch jungen Heinrich mit dem großen Schwert in der rechten Hand erkennen. Mit der Linken hält er ein Pferd am Zaum, auf dem Kaiser Friedrich Barbarossa sitzt, dem vor allem der Angriff der aufständischen Bewohner Roms gilt. Diese wollen ihn nicht als ihren Herrn akzeptieren. Das Gemälde veranschaulicht eine Episode, die im Jahre 1155 stattgefunden haben soll. Heinrich wird hier als unerschrokkener Ritter und als treuer Verteidiger des Kaisers, seines Vetters, gezeigt.

Auf vielen Bildern des 19. Jahrhunderts steht jedoch eher der Konflikt zwischen Heinrich und Friedrich im Mittelpunkt. Häufig dargestellt wird der (angebliche) Kniefall

143 Heinrich als tapferer Ritter verteidigt Friedrich Barbarossa gegen die aufständischen Römer. Das Gemälde stammt aus dem Jahr 1825.

Barbarossas vor Heinrich dem Löwen im Jahre 1176 in Chiavenna, als letzterer dem Kaiser die Hilfe bei einem erneuten Italienzug verweigerte. (Vergleicht dazu das Bild im Kapitel "Im Profil: Heinrich der Löwe".) Auch der Kniefall des entmachteten und um Gnade bittenden Heinrichs vor Friedrich Barbarossa auf dem Reichstag in Erfurt im Jahre 1181 ist häufig gemalt und gezeichnet worden. (Vergleicht dazu die Abbildung im Kapitel "Der Sturz des Löwen".)

Der Brunnen auf dem Hagenmarkt

Doch Heinrich wurde nicht nur gemalt und gezeichnet, sondern auch als plastische Figur gestaltet. So zum Beispiel auf dem Brunnen, den die Braunschweiger im Jahre 1874 auf dem Hagenmarkt aufstellen ließen.

Ein Bildhauer namens Breymann hatte die Statue Heinrichs des Löwen geschaffen, und der spätere Stadtbaurat Ludwig Winter, der auch die Burg Dankwarderode wieder rekonstruiert hat, entwarf den Brunnen, auf dem die Figur aufgestellt wurde. Er benutzte dazu romanische Architekturformen, wie sie zur Zeit Heinrichs des Löwen "modern" waren.

Wie einer seiner Entwürfe für den Brunnen aussah, könnt Ihr auf der Abbildung sehen. Wenn Ihr bei Gelegenheit einmal den Brunnen auf dem Hagenmarkt mit diesem Entwurf vergleicht, werdet Ihr feststellen können, daß er im wesentlichen so verwirklicht worden ist. Könnt Ihr erkennen, was Heinrich in seiner linken Hand hält?

Es handelt sich um eine Kirche. Diesmal ist es jedoch nicht der "Braunschweiger Dom", sondern die Katharinenkirche. Diese Kirche war die Gemeindekirche der neuen Ortschaft Hagen, die unter Heinrichs Herrschaft gegründet worden ist. Die Kirche wurde so, wie sie im Modell zu sehen ist, allerdings erst etliche Zeit nach dem Tode Heinrichs gebaut. Auf dem Brunnendenkmal am Hagenmarkt steht sie symbolisch für die Gründung der in ihrer Anfangsphase selbständigen "Stadt" Hagen, die später mit den anderen städtischen Siedlungskernen (Burgsiedlung Dankwarderode, Altewiek, Sack und Neustadt) zu der einen Stadt Braunschweig zusammengeschlossen wurde. Der Hagenmarktbrunnen soll also an Heinrich den Löwen als Stadtgründer erinnern.

Zum Brunnen gehören übrigens, neben wasserspeienden Drachen, auch drei Löwen, die jeweils einen Schild halten und auf den Beinamen Herzog Heinrichs verweisen sowie seine Macht und Stärke versinnbildlichen sollen.

144 Der 1874 aufgestellte Heinrichsbrunnen vom Hagenmarkt im Entwurf des Architekten: Heinrich hält die Kirche in der Hand und hat von seiner Position aus die von ihm gegründete Stadt fest im Blick.

Der eiserne Heinrich

Im Dezember des Jahres 1915, im zweiten Jahr des Ersten Weltkriegs, stellten die Braunschweiger eine 3,50 Meter hohe Holzfigur vor dem (heute nicht mehr vorhandenen) Residenzschloß auf. Für sie war eine eigene Bedachung, ein Baldachin errichtet worden. Die Figur, die erhalten geblieben und in der Ausstellung zu sehen ist, stellt einen mittelalterlichen Ritter dar, der mit Schwert und Schild "gewappnet" ist. Wie wirkt dieser Ritter auf Euch? Findet Ihr nicht auch, daß er sehr selbstbewußt und nahezu herausfordernd blickt? Er steht mit seinen Beinen fest auf dem Boden, und der Schild verdeutlicht, daß er bereit ist, sich selbst, die Stadt und das Land zu schützen. Diese Haltung sollte für die Braunschweiger Bürger vorbildlich wirken, die sich im Krieg für "Kaiser und Vaterland" einsetzen sollten.

Viele Männer aus Braunschweig - wie aus allen Städten und Dörfern Deutschlands - kämpften im Ersten Weltkrieg an den Fronten im Osten und im Westen, allerdings nicht mehr mit Schwert und Schild wie im Mittelalter. Wer zu Hause bleiben durfte (oder mußte), vor allem die Frauen sowie ältere Männer, sollte durch verschiedene Dienste den "Kampf fürs Vaterland" mit unterstützen. Zu solchen Diensten gehörten beispielsweise die Pflege von Verwundeten oder die Arbeit in Rüstungsbetrieben. Der Unterstützung des Kampfes dienten Spenden von wertvollem Schmuck nach dem Motto "Gold gab ich für Eisen!" sowie das Schenken oder das zinslose Verleihen von Geld (Kriegsanleihe). Spendengelder kamen auch dadurch zusammen, daß Bürgerinnen und Bürger zu überhöhten Preisen Nägel kauften, die in die hölzerne Ritterfigur vor dem Schloß hineingeschlagen wurden. So wurde aus dem hölzernen am Schluß ein eiserner Ritter. Es handelte sich bei ihm um "ein Kriegswahrzeichen zum Benageln", wie die offizielle Bezeichnung lautete.

Was für Assoziationen habt Ihr, wenn Ihr das Stichwort "Eisen" hört?

145 Der eiserne Heinrich von Braunschweig aus dem Jahre 1915.

Eisen ist ein festes, hartes und schweres Metall. Es ist deshalb gut zum Werkzeug- aber auch zum Waffenbau und zum Schutz geeignet. Daher waren im Mittelalter Waffen und Rüstung zu großen Teilen aus Eisen. Die Ritter hatten eine Unmenge Metall mit sich herumzuschleppen! Doch auch die Waffen und sonstigen Kriegsgeräte des Ersten Weltkriegs, ob es sich nun um Gewehre, damals noch "moderne" Maschinengewehre, die ersten Panzer oder die bei den Deutschen besonders beliebten Kriegsschiffe handelte, bestanden überwiegend aus Eisen bzw. aus Stahl (veredeltem Eisen).

Die Braunschweiger sollten, indem sie mit ihren Nägeln einen eisernen Ritter produzierten, gleichzeitig mit den dazugehörigen Spenden zur Kriegsführung des deutschen Kaiserreiches beitragen. Wobei das Geld für die

Nägel in diesem Fall für die Arbeit von Organisationen gespendet wurde, die die Soldaten an der Front betreuten und Kriegsbeschädigten halfen.

Findet Ihr beim Betrachten der Abbildung irgend einen Hinweis darauf, daß es sich bei diesem Ritter um einen besonderen, nämlich um Heinrich den Löwen handeln sollte?

Wir meinen, daß man der Figur nicht ansehen kann, daß sie nun gerade ein eiserner Heinrich ist. Es könnte sich genausogut um einen eisernen Friedrich (Barbarossa) oder einen eisernen Richard (Löwenherz) oder sonst einen mittelalterlichen Ritter handeln. Daß hier Herzog Heinrich dargestellt sein soll, wissen wir nur, weil die Figur vom Künstler und von den Auftraggebern ausdrücklich als "Heinrich der Löwe in Eisen" bezeichnet worden ist.

Bei der Einweihung des "eisernen Heinrich" hielt der Braunschweiger Domprediger eine Rede, in der er direkte Verbindungen zwischen seiner Zeit, der des Ersten Weltkriegs, und dem Wirken Heinrichs des Löwen vor vielen Jahrhunderten herstellte:

"Um eines Helden Standbild sammeln wir uns in einer Heldenzeit. Wohl ziemt es uns, in diesen Tagen des Mannes zu gedenken, der einst mit gewaltiger Kraft einen Wall schuf gegen den Feind von Osten, einen Schutzwall für das Deutschtum wider das Slawentum. Wie muß es jedem Braunschweiger das Herz bewegen, wenn er in den Landen, die Heinrich durch zielbewußte Arbeit eingedeutscht hat, auf seine Spuren trifft; wenn er etwa vor dem Ratzeburger Dom eine Nachbildung unseres Burglöwen findet gen Osten schauend. Den Bahnen folgend, die der große Herzog wies, hat jetzt ein gut Teil der Kraft des deutschen Volkes gen Osten sich gewandt. Und wenn wir an die Feinde ringsum denken in Nord und West und Süd (...), wenn wir daran denken, daß sie alle in sechzehn Kriegsmonaten nichts gegen uns vermochten, so erfüllt demütiger Dank gegen Gott, den Herrn, unsere Seele; (...) und wenn einst Kinder und Kindeskinder derer, die jetzt dies Bild mit eisernem Kleid umgeben, dieses Erinnerungszeichen schauen, dann sollen sie sich erzählen lassen von der eisernen Zeit, die Deutschland zusammenschmiedete zu einem Block von Stahl, an dem moskowitische Machtgier und gallische Rachsucht, an dem Albions Neid und welsche Tücke sich den Schädel eingerannt haben (...)."

Q 22 Domprediger von Schwarz

Erläuterungen:

moskowitisch =	aus Moskau und damit aus Rußland kommend
gallisch =	aus "Gallien", d. h. aus Frankreich kommend
Albion =	England
welsch =	aus den romanisch-sprachigen Ländern (z. B. Frankreich und Italien) kommend

Der Prediger versuchte also, die Kriegszüge Heinrichs vor allem gegen die Slawen (vergleicht dazu das Kapitel "Ausflug nach Mecklenburg") zum Vorbild bzw. zum Vorläufer für das Vorrücken des deutschen Heeres gegen Polen, Russen und andere slawische Völker, aber auch gegen Franzosen, Belgier und Engländer im Westen zu erklären. Wobei Heinrich doch zu Rußland vielversprechende Handelskontakte geknüpft und nach England die besten familiären Beziehungen gehabt hatte!

Wie Ihr vielleicht schon aus dem Geschichtsunterricht wißt, war der Dank des Dompredigers etwas verfrüht. Das deutsche Kaiserreich hat den von ihm wesentlich mitverschuldeten Ersten Weltkrieg verloren - trotz des "eisernen Heinrich". Zu den unmittelbaren Folgen des Krieges gehörte die Tatsache, daß der Kaiser und alle deutschen Fürsten abdanken mußten. Deutschland wurde, wenn auch nur für einige Jahre, eine demokratische Republik. Zu den Fürsten, die abdanken mußten, gehörte auch der welfische Großherzog von Braunschweig, ein Nachfahre von Heinrich dem Löwen.

Der Löwe unterm Hakenkreuz

Sicherlich wißt Ihr, wo das hier abgebildete Foto aufgenommen worden ist?

146 *Foto vom Niedersachsentag in Braunschweig.*

Richtig, den "Burglöwen" kennt Ihr doch inzwischen, und im Hintergrund ist auch der "Braunschweiger Dom", die St.-Blasiuskirche, zu erahnen. Doch könnt Ihr auch schätzen, wann das Foto ungefähr entstanden sein könnte?

Einen Hinweis haben Euch sicher die Armbinden der Jungen gegeben, die das Hakenkreuz zeigen, das Symbol der Nationalsozialisten. Letztere haben in Deutschland in den Jahren von 1933 bis 1945 regiert und ihr Unwesen treiben können. Braunschweig hat bei der Eroberung der Macht durch die NSDAP (= Nationalsozialistische Deutsche Arbeiterpartei) und ihren sogenannten "Führer", Adolf Hitler, übrigens keine rühmliche Rolle gespielt. Hier waren die Nationalsozialisten nämlich schon seit

1930 mit an der Regierung beteiligt und sorgten dafür, daß Hitler, der ja Österreicher war, überhaupt erst einmal deutscher Staatsbürger werden konnte.

Das Foto muß also zwischen 1933 und 1945 auf dem Burgplatz entstanden sein. Wir wissen, daß es während des Niedersachsentages im Juni 1934, also vor fast genau 61 Jahren, aufgenommen wurde. Die Jungen auf dem Bild haben alle eine uniformartige Kluft an, die etwas an Pfadfinder erinnert, aber damit direkt nichts zu tun hat. Es handelt sich vielmehr um die Uniform der Hitlerjugend (HJ), hinter der alle anderen Jugendverbände und -gruppen zurücktreten mußten. Schließlich wurden sie alle zwangsweise aufgelöst, und es blieben nur die Hitlerjugend bzw. der "Bund deutscher Mädel" (BdM), die Organisationen der Nationalsozialisten, übrig.

Was meint Ihr, worauf sich der ursprüngliche Untertitel des Fotos "Gläubige Jugend" bezieht? Sicher nicht auf die Kirche im Hintergrund, denn gegen die Kirchen sind die Nationalsozialisten vielfach vorgegangen. Eher schon könnte es dem starken Löwen gelten. So stark wie ein Löwe sollte Deutschland unter Hitlers Führung werden, und daran sollte das Volk "glauben". Noch mehr als den Löwen bevorzugte Hitler allerdings den Wolf als symbolisches Tier: die neue Stadt, die um das Volkswagenwerk gegründet wurde (nach einem schon bestehenden Ortsteil), wurde Wolfsburg genannt; ein sogenanntes "Führerhauptquartier" des Jahres 1940 in Belgien bekam den Namen Wolfsschlucht und die riesige Bunkeranlage in Ostpreußen, wo die meisten NS-Größen sich im zweiten Weltkrieg verkrochen, hieß Wolfsschanze.

Für Braunschweig spielte allerdings eher der Löwe eine wichtige Rolle, denn der streitbare Heinrich der Löwe, der meist von Braunschweig aus regiert hatte und in der Stadt begraben liegt, bot sich geradezu an, für die Kriegsverherrlichung und -vorbereitung der Nationalsozialisten in Anspruch genommen zu werden. Schon im Ersten Weltkrieg waren ja, wie Ihr weiter oben vielleicht gelesen habt, die kämpfenden Offiziere und Soldaten des Kaisers mit Heinrich dem Löwen und seinen Rittern, die etwa 750 Jahre früher gegen die Wenden gezogen waren, verglichen worden. Diesen Vergleich griffen die Nationalsozialisten auf, da bei Hitler und seinen Leuten die Rede vom sogenannten "Lebensraum im Osten" eine große Rolle spielte. So wie Heinrich der Löwe wollten die Nationalsozialisten Land "im Osten" von den slawischen Völkern erobern. Und die deutsche Wehrmacht hat denn ja auch mit den Überfällen auf Polen (1939) und die Sowjetunion (1941) einen grausamen und brutalen Krieg gegen viele osteuropäische Völker begonnen. Doch beim Angriff auf die Sowjetunion liefen die geheimen Vorbereitungen nicht etwa unter dem Stichwort "Unternehmen Heinrich der Löwe", sondern sie waren mit "Unternehmen Barbarossa" betitelt. Da hatte sich die Einschätzung Heinrichs durch die Nationalsozialisten schon erheblich geändert.

Doch vorher, in den 1930er Jahren, wurde ein großer Kult um Heinrich den Löwen getrieben. Die "Löwenstadt" Braunschweig nannte sich offiziell sogar "Weihestätte der Nation". Zum eigentlichen Zentrum wurde der "Braunschweiger Dom" umgebaut. Aus der Kirche wurde eine "Herzogshalle", eine nationale Gedenk- und Weihestätte, in der man zu den umgestalteten Grabstätten von Heinrich und seiner Frau Mathilde "pilgern" konnte. Die feierlich inszenierte Grablege in der Krypta (Unterkirche) des Domes mit Kerzen davor, die durch ein Portal mit einer grob stilisierten Löwenkopfdarstellung betreten wurde, sollte den Besucher ergreifen und heroische (heldenhafte) Empfindungen erzeugen. Er sollte in Heinrich jemanden erkennen, der schon früh für die in den Augen der Nationalsozialisten "richtige Sache", nämlich für die gewaltsame Vergrößerung von Deutschlands "Lebensraum", gekämpft hatte.

148 Ein idealisierter mittelalterlicher Fürst sowie ein Wehrmachtsführer auf dem Buchumschlag sollten eine Tradition "deutscher Führer und Meister" belegen.

147 Die zur "nationalen Weihestätte" umgestaltete Grablege von Heinrich dem Löwen und Mathilde im "Braunschweiger Dom" wurde in dieser Form im Jahre 1940 fertiggestellt.

Zusammen mit anderen Gestalten der deutschen Geschichte - wie beispielsweise Friedrich dem Großen von Preußen - sollte Heinrich ein Beispiel für einen "deutschen Führer" sein. Das Titelbild des Buches "Deutsche Führer und Meister", in dem auch Heinrich der Löwe vorgestellt wird, zeigt anschaulich die Gleichsetzung eines mittelal-

terlichen Fürsten mit einem Heerführer (Mann mit Stahlhelm) der nationalsozialistischen Zeit.

Ein wichtiges Prinzip des "Führerkultes" war der unbedingte Gehorsam gegenüber dem Führer in allen Lebensbereichen. Wie paßt dies nun mit der geschichtlichen Wirklichkeit Heinrichs des Löwen zusammen, wenn Ihr an das Verhalten Heinrichs gegenüber seinem Kaiser Friedrich Barbarossa denkt? (Vergleicht dazu das Kapitel "Der Sturz des Löwen".) Daß die Rechnung nicht stimmig aufgeht, und daß Heinrich eigentlich ein Rebell gegen seinen obersten "Führer" war, haben die Nationalsozialisten auch gemerkt. Als Hitler im Zweiten Weltkrieg den absolut größenwahnsinnigen Anspruch entwickelte, ganz Europa zu erobern und zu beherrschen, nahm er dann doch eher Kaiser Barbarossa zum Vorbild und bezeichnete Heinrich als "Kleinsiedler", als jemanden, der mit seinen Plänen und Aktionen im nord- und ostdeutschen Raum noch zu kleinräumig orientiert war.

Mit Heinrich nach Basel - und zurück?

Als Heinrich noch Herzog war, ist er so manches Mal nach Italien gezogen, unter anderem auch, um an den Italienzügen Barbarossas teilzunehmen. Dabei hat ihn und seine Ritter sicher auch hin und wieder der Weg über das zentral am Rhein gelegene Basel geführt. Was meint Ihr, wieviele Tage Heinrich und seine Leute (samt Troß) wohl gebraucht haben, um von Braunschweig nach Basel zu gelangen? Zwei Wochen waren sie sicherlich unterwegs, wenn nicht länger. Schaut einmal im aktuellen Kursbuch der Deutschen Bahn nach, wie lange der IC "Heinrich der Löwe" heute für die Strecke Braunschweig - Basel SBB (Schweizer Bahnhof) benötigt!

_____ Tage _____ Stunden _____ Minuten

149 Schild des IC 605. Ob Heinrich der Löwe wohl lieber mit dem Intercity gefahren wäre als zu reiten?

Sicherlich ist Heinrich damals nicht unbedingt über Dortmund, Wuppertal und Köln nach Basel gereist; doch der Intercity ist auch mit diesem "Umweg" noch um ein Vielfaches schneller als die Reiter des Mittelalters. Die Deutsche Bahn AG (bis vor kurzem: Deutsche Bundesbahn) nutzt den Namen des Welfenherzogs, weil er ein berühmter Mann ist, mit seiner Reisegeschwindigkeit wäre sie und wären ihre Kunden sicher nicht einverstanden.

Für "Reklamezwecke" greifen verschiedenste Institutionen und Firmen gerne auf den berühmten Heinrich zurück. Die Politiker allerdings weniger. Sie sind nach den Erfahrungen des Ersten Weltkriegs und der nationalsozialistischen Zeit vorsichtiger geworden.

Nicht nur die Bahn nimmt Heinrich für sich in Anspruch. Schon vor geraumer Zeit hat die Deutsche Bundespost eine Briefmarke herausgebracht, die den "Braunschweiger Löwen" zeigt.

150 Die Briefmarke mit dem Braunschweiger Löwen.

Es handelt sich zwar nur um eine 5-Pfennig-Marke, aber auf diese Art und Weise ist Heinrichs Burglöwe in viele Haushalte Deutschlands und der ganzen Welt geflattert, gewissermaßen zum fliegenden Löwen geworden. Habt Ihr Lust, noch einige Motive herauszufinden, die zu der Serie mit dem "Braunschweiger Löwen" gehören? Vielleicht habt Ihr selbst, Eure Geschwister oder Eure Eltern eine Briefmarkensammlung? Oder Ihr schaut in einem entsprechenden Briefmarkenkatalog nach.

 5 Pfennig: Braunschweiger Löwe
10 Pfennig:
30 Pfennig:
33 Pfennig:
50 Pfennig:
80 Pfennig:

Wie eine große Briefmarke wirkt auch das Logo (das Erkennungszeichen) der Ausstellung, die dieses Buch Euch näher bringen will. Wo habt Ihr dieses Logo schon überall gesehen? Schaut doch beispielsweise einmal auf dem Umschlag dieses Buches nach!

151 Zur Ausstellung ein Löwen-Logo, logo?

Auch das Land Niedersachsen hat in einer Werbekampagne vor einigen Jahren u. a. den Braunschweiger Löwen "vermarktet". Das "Land mit Weitblick", wie es in der Anzeige heißt, blickt dabei weit in die Geschichte zurück, eben bis zu Heinrich und seinem bronzenen Burglöwen aus dem Jahre 1166. Die möglichen Besucher Niedersachsens werden dabei aufgefordert, den "Spuren des Löwen" zu folgen. Welche Spuren sind dabei wohl gemeint? Kann man denn von Heinrichs Leben und Wirken heute noch etwas sehen?

Die Aufforderung dieser Anzeige möchten wir hiermit an Euch weitergeben und Euch ermuntern: "Folgt den Spuren des Löwen". In dieser Ausstellung werden sie Euch überall begegnen und nicht nur seine Spuren, sondern auch die der Vor- und Nachfahren, der Zeitgenossen, der Freunde und der zahlreichen Gegner Heinrichs des Löwen.

Vielleicht kann Euch dieses Buch bei der Spurensuche behilflich sein. Viel Spaß und ein paar "Aha-Erlebnisse" wünschen Euch dabei die Schreiberinnen und Schreiber dieser "Löwenstarken Geschichten".

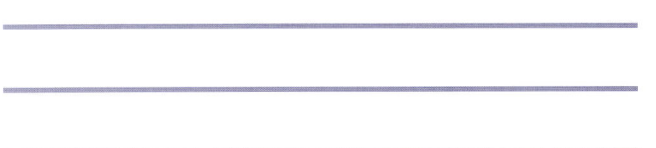

152 *Anzeige des Landes Niedersachsen aus dem Jahre 1993. Wer folgt den Spuren des Löwen?*

Lösungen

 ## Ein mittelalterliches Weltbild

Bei der gesuchten Stadt handelt es sich um Jerusalem.

Das Schema müßte etwa so aussehen:

"Weiße Flecken" finden sich in Asien und Europa.
Übrigens: Bei dem Meer handelt es sich um das Mittelmeer.

 ## Familienbande

Heinrich den Löwen findet Ihr in der Schemazeichnung ganz oben links und auf dem Stammbaum am oberen linken Ende des grünen Stammes. Dort ist er der untere. Seine Eltern heißen Gertrud (Gerdrut) und Heinrich IX. "der Stolze" (Heinricus IX.).

Der Stammbaum müßte so ausgefüllt sein:

Heinrich der Löwe	Mathilde

Heinrich "der Stolze" Gertrud	Heinrich II. von England
Lothar III. Richenza	Mathilde

 ## "Fürsten der Finsternis"

Herzog Heinrich könnten z. B. besonders beeindruckt haben: Mut, Macht, Unerschrockenheit, den Feinden Angst und Respekt einflößen, Kraft, Stärke ...

Z. B. steht der Fuchs für Schlauheit, die Ente für Lahmheit, die Schlange für List, der Affe für Schabernack, das Schwein für Glück, die Eule für Klugheit, der Esel für Dummheit ...

 ## Der Sturz des Löwen

Das Monogramm unter der Urkunde lautet: FREDERICUS IMPERATOR (Kaiser Friedrich).

Das Jahr 1995 fällt in die dritte Indiktion. Rechnung:

1.   1995 + 3 = 1998
2.   1998 : 15 = **133**,2 - Gesamtzyklus
       15
        49
        45
         48
         45
        3 - Indiktion

Ein ganz besonderes Buch

Im Widmungsgedicht wird auf die kaiserliche Abstammung Heinrichs und die königliche Abstammung Mathildes hingewiesen. Heinrich wird als Nachkomme Karls bezeichnet, hier ist Karl der Große gemeint. Heinrich hat Kirchen errichten lassen, die Stadtbefestigungen ausgebaut, Reliquien- und Kunstschätze gestiftet. Heinrich und Mathilde haben viel Gutes getan und ein vorbildliches Leben geführt. Das Evangeliar wurde vom Mönch Herimann geschaffen im Kloster Helmarshausen auf Weisung des Abtes Konrad, der von Heinrich dem Löwen den Auftrag erhalten hatte.

Die Fehler im Krönungsbild:

 ## Tintenhörner und Federkiele

Die Schreibermönche mußten bei schlechtem Licht viele Stunden gebückt sitzen und arbeiten. Es gab weder elektrisches Licht noch Heizung. Die Augen wurden sehr angestrengt und Brillen, um Sehfehler auszugleichen, gab es nicht.

Die Initialen von links nach rechts: M - N - T - U.

 ## Licht auf sieben Armen

Um die Messe zu feiern, brauchte man z. B. einen Altar, ein Evangeliar, aus dem die Evangelientexte vorgelesen wurden, einen Leuchter, einen Kelch, Gewänder für die Priester...

Vor 800 Jahren gab es Fackeln, Öllampen und Kerzen.

Der "Vogelmensch" befindet sich an einem Leuchterfuß oben in einer spiraligen Windung.

Es gibt vier Evangelisten, alle sind auf dem Knauf dargestellt.

Reisen und Pilgern im Mittelalter

Im 12. Jahrhundert trug ein Reisender bei sich: Lederbeutel, Hut, Regenjacke, Wanderstab, Messer.
Er trug nicht bei sich: Reiseführer, Heftpflaster, Energieriegel, Koffer, Pistole, Geldscheine, Zahnbürste, Kompaß, Sonnencreme, mehrere Paar Schuhe, Mineralwasser.

Der 1. November ist "Allerheiligen".

 ## Die Jerusalemreise Heinrichs des Löwen

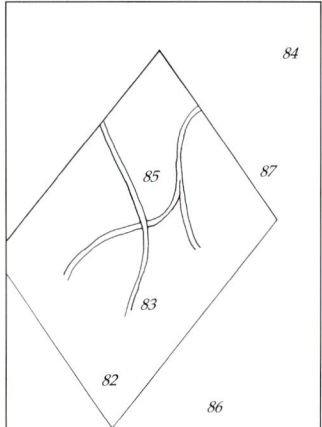

Mit diesen Nummern müßten die Gebäude oder Orte markiert sein.

 ## Der Löwe kratzt am Dom

Das Portal befindet sich an der Nordost-Seite des Domes.

Das Schema müßte etwa so aussehen:

	Bilder	Teppich
1.	-	Kampf mit dem Drachen
2.	Heinrich und der Löwe auf dem Floß	Heinrich und der Löwe auf dem Floß
3.	-	Heinrich und der Löwe schließen Freundschaft
4.	Der Löwe auf Heinrichs Grab	-

 ## Von den Anfängen der Stadt Lübeck

Heinrich kann nicht als eigentlicher Gründer von Lübeck bezeichnet werden, da vorher schon Graf Adolf hier eine städtische Siedlung ins Leben gerufen hatte. Davor gab es an gleicher Stelle auch schon eine slawische Siedlung.

Bei den Tieren handelt es sich um zwei Pferde (das rechte davon mit Reiter), einen Vogel und vermutlich eine Kuh.

 ## Von der Hand in den Mund?

Dieses Aquamanile stellt einen Hirsch dar.

Ritter, Rüstungen, Turniere

Der Ritter des Aquamaniles ist mit Sattel, Steigbügel, Kettenhemd und Pferd ausgestattet. Zusätzlich wird seine Ausrüstung durch einen Helm ergänzt. Es fehlen Lanze oder Schwert.

 ## Roger von Helmarshausen

Die Orte gehören zu folgenden Staaten oder Bundesländern:

Stablo (Stavelot)	Belgien
Köln	Deutschland, Nordrhein-Westfalen
Helmarshausen	Deutschland, Hessen
Paderborn	Deutschland, Nordrhein-Westfalen
Hildesheim	Deutschland, Niedersachsen
Fritzlar	Deutschland, Hessen

 ## "Ausflug nach Mecklenburg"

Die Lage der Burgen auf Halbinseln oder Inseln in Seen bewirkte einen natürlichen Schutz vor Feinden.

"Falsch getauft" bedeutet, daß viele Slawen sich nur zum Schein als Christen ausgaben.

Bei der slawischen Bevölkerungsgruppe handelt es sich um die Sorben. Sie leben in der Lausitz in den heutigen Bundesländern Sachsen und Brandenburg, nahe der polnischen Grenze. Städte im Siedlungsgebiet der Sorben sind z. B. Cottbus, Hoyerswerda und Bautzen.

 ## Tot, aber noch lange nicht vergessen

Der Mann, der dem Betrachter den Rücken zukehrt, ist Bischof. Er ist erkennbar an seiner Bischofsmütze, der Mitra. Wahrscheinlich liest er aus der Bibel oder aus einem Gebetbuch, um den Sterbenden seelsorgerlich auf den Tod vorzubereiten und zu trösten.

Heinrich hat unter anderem folgende Bau- und Kunstwerke gestiftet: den "Braunschweiger Dom" mit dem Marienaltar und dem Siebenarmigen Leuchter, das Evangeliar Heinrichs des Löwen, das Kopfreliquiar des heiligen Oswald und natürlich den Braunschweiger Burglöwen.

Das Foto vom Niedersachsentag wurde auf dem Burgplatz 1934, also zu nationalsozialistischer Zeit, aufgenommen. Es zeigt den Burglöwen und im Hintergrund Teile des "Braunschweiger Doms".

Für die Fahrt mit dem IC 605 "Heinrich der Löwe" benötigt man von Braunschweig bis Basel SBB 8 Stunden und 27 Minuten (Kursbuch der Deutschen Bahn 95/96).

Auf den Briefmarken ist folgendes abgebildet. Es handelt sich jeweils um Bauwerke, die für die betreffenden Städte charakteristisch sind:

5 Pf. Braunschweiger Löwe	10 Pf. Flughafen Frankfurt	30 Pf. Schloß Celle
33 Pf. Schlesweiger Dom	50 Pf. Freiburger Münster	80 Pf. Zeche Zollern, Dortmund

Es sind noch viele Bau- und Kunstwerke, die Heinrich der Löwe in Auftrag gegeben hat, erhalten (siehe oben). Auch etliche Burgen und Städte, die er hat anlegen lassen, gibt es heute noch.

Autorennachweis

Günther Hein:
Ein mittelalterliches Weltbild, Der Sturz des Löwen, Ein Löwe kratzt am Dom, Von den Anfängen der Stadt Lübeck, Roger von Helmarshausen, "Ausflug nach Mecklenburg", Tot, aber noch lange nicht vergessen

Melanie Krilleke:
Heinrich der Löwe und England, "Fürsten der Finsternis", Reisen und Pilgern im Mittelalter, Die Jerusalemreise Heinrichs des Löwen, Von der Hand in den Mund?, Ein Reliquiar für zu Hause

Kirsten Schönfelder:
Guten Tag, Familienbande, Im Profil: Heinrich der Löwe, Das Evangeliar Heinrichs des Löwen, Von Tintenhörnern und Federkielen, Licht auf sieben Armen, In Stein gehauen für die Ewigkeit, Ritter, Rüstungen und Turniere

Verzeichnis der Quellen

Für die Quellentexte wurden jeweils vorhandene Übersetzungen benutzt. Die Schreibweise sowie die Zeichensetzung wurde an die heute übliche angeglichen.

Q 1: Ebstorfer Weltkarte; zitiert nach: Hahn-Woernle, Birgit, Die Ebstorfer Weltkarte, Stuttgart-Bad Canstatt o.J., S. 45

Q 2: Helmold von Bosau, Slawenchronik, neu übertragen und erläutert von Heinz Stoob, (Ausgewählte Quellen zur deutschen Geschichte des Mittelalters, Bd. 19), 2. verb. Aufl., Darmstadt 1973, S. 357 f.

Q 3: Die Bibel nach der Übersetzung von Martin Luther in der revidierten Fassung von 1984, Stuttgart 1985

Q 4: Übersetzung von Wolfgang Lautemann; zitiert nach: Lautemann, Wolfgang (Bearb.), Mittelalter. Reich und Kirche, (Geschichte in Quellen, Mittelalter), 3. Aufl., München 1983, S. 444 f.; nach: Monumenta Germaniae Constitutiones I, Nr. 279

Q 5: Übersetzung von Paul Gerhard Schmidt, in: Klemm, Elisabeth, Das Evangeliar Heinrichs des Löwen, Frankfurt/M. 1988, S. 35

Q 6: Notiz des Schreibers eines westgermanischen Rechtsbuches aus dem 8. Jahrhundet, in: Monumenta Germaniae Leges, Bd. 3, 1863, S. 589; zitiert nach: Trost, Vera, Skriptorium. Die Buchherstellung im Mittelalter, Stuttgart 1991, Umschlag

Q 7: Kapitularbibliothek Lucca, Cod. Carolinus oder Lucensis 490 fol. F 21-25; Übersetzung nach Hedfors; zitiert nach: Trost, Vera, Skriptorium. Die Buchherstellung im Mittelalter, Stuttgart 1991, S. 11

Q 8: Die Bibel in der deutschen Übersetzung von Martin Luther, Stuttgart 1967

Q 9: Die Chronik von Stederburg. Nach der Ausgabe der Monumenta Germaniae übersetzt von Eduard Winkelmann, Berlin 1866, S. 67 f.

Q 10: Nach einer Übersetzung von Klaus Herbers, in: Herbers, Klaus, Der Jakobsweg. Mit einem mittelalterlichen Pilgerführer unterwegs nach Santiago de Compostela, Tübingen 1986, S. 65

Q 11: Die Chronik Arnolds von Lübeck, nach der Ausgabe der Monumenta Germaniae übersetzt von J. C. M. Laurent; 2. Aufl., neu bearbeitet von W. Wattenbach, Leipzig 1896, S. 21

Q 12: Die Chronik Arnolds von Lübeck, wie Q 11, S. 22

Q 13: Helmold von Bosau, Slawenchronik, wie Q 2, S. 303 f.

Q 14: Petrus Alphonsus, Disciplina Clericalis; zitiert nach: Bumke, Joachim, Höfische Kultur. Literatur und Gesellschaft im hohen Mittelalter, Bd. 1, 6. Aufl., München 1992, S. 267

Q 15: Tannhäusers Hofzucht; zitiert nach: Bumke, Joachim, Höfische Kultur. Literatur und Gesellschaft im hohen Mittelalter, Bd. 1, 6. Aufl., München 1992, S. 269

Q 16: Petrus Alphonsus, Disciplina Clericalis; zitiert nach: Hütt, Michael, Aquamanilien. Gebrauch und Form, Mainz 1993, S. 22

Q 17: Tannhäusers Hofzucht; zitiert nach: Hütt, Michael, Aquamanilien. Gebrauch und Form, Mainz 1993, S. 22

Q 18: Bänsch, Birgit/Linscheid-Burdich, Susanne, Theophilus, Schedula diversarum artium: Textauszüge, in: Legner, Anton (Hg.), Ornamenta Ecclesiae. Kunst und Künstler der Romanik, Katalog zur Ausstellung des Schnütgen-Museums in der Josef-Haubrich-Kunsthalle, Köln 1985, S. 366

Q 19: Helmold von Bosau, wie Q 2, S. 239 f.

Q 20: Helmold von Bosau, wie Q 2, S. 229

Q 21: Die Chronik Arnolds von Lübeck, wie Q 11, S. 229

Q 22: Dompredger von Schwarz, zitiert nach: Otte, Wulf, Zur populären Rezeption Heinrichs des Löwen im 20. Jahrhundert - Zwischen politischer Instrumentalisierung und Kommerz, in: Luckhardt, Jochen/Niehoff, Franz (Hg.), Heinrich der Löwe und seine Zeit. Herrschaft und Repräsentation der Welfen 1125-1235, Katalog zur Ausstellung, Bd. 3: Nachleben, München 1995

Verzeichnis der Abbildungen

Altena, Museum der Grafschaft Mark: 118
Amsterdam, Rijksmuseum Stichting: 106
Badendorf, Herbert Jäger: 96, 98, 99
Bamberg, Staatsbibliothek: 100
Basel, Historisches Museum: 92
Berlin, Staatliche Museen zu Berlin - Preußischer Kulturbesitz, Kunstgewerbemuseum: 107
Berlin, SMPK - Museum für Spätantike und Byzantinische Kunst, Foto Stenzel, 1995: 88
Bern, Burgerbibliothek: 119
Braunschweig, Willi Birker: 74
Braunschweig, Gian Casper Bott: 33, 90, 150
Braunschweig, Braunschweigisches Landesmuseum, Foto Ilona Döring: 145
Braunschweig, Jutta Brüdern: 12, 16, 17, 47, 62, 65, 66, 67, 68, 71
Braunschweig, Herzog Anton Ulrich-Museum, Foto Bernd-Peter Keiser: 35, 39, 79
Braunschweig, Bernd-Peter Keiser: 14, 130
Braunschweig, Franz Niehoff: 149
Braunschweig, Stadtarchiv, Foto Bernd-Peter Keiser: 144
Braunschweig, wir, kommunikative Werbung GmbH: 151
Cambrai, Bibliothéque Municipale: 81
Eisenach, Wartburg-Stiftung, Foto Ulrich Kneise: 23
Fischerhude, Klaus Rohmeyer: 4
Fulda, Hessische Landesbibliothek, Foto Bernd-Peter Keiser: 8
Göttingen, Karl Arndt: 72
Göttingen, Städtisches Museum: 143
Hamburg, Museum für Hamburgische Geschichte, Foto Fischer-Daber, Hamburg: 113
Hildesheim, Dom- und Diözesanmuseum, Foto Engelhardt: 120-123, 124
Hildesheim, Jürgen Petz u. Jan Schönfelder: 108
Hamburg, Böning & Haube Werbeagentur GmbH, 1993
Hannover, Kestner- Museum, Foto Michael Lindner: 34, 114, 136
Hannover, Niedersächsisches Hauptstaatsarchiv, Foto Bernd-Peter Keiser: 20
Kiel, Kunsthistorisches Institut der Universität Kiel: 139
Köln, Rheinisches Bildarchiv: 32
Kopenhagen, Nationalmuseet: 27, 28, 110
London, The British Library: 24, 75
Lübeck, Amt für Archäologische Denkmalpflege: 97
Lübeck, Archiv der Hansestadt Lübeck, Foto Herbert Jäger, Badendorf: 95
Lüneburg, Museum für das Fürstentum Lüneburg, Foto Michael Behns, Lüneburg: 5
Marburg, Bildarchiv Foto Marburg: 91, 93
New York, The Metropolitan Museum of Art: 29; Foto Schecter Lee: 30
Paderborn, Erzbischöfliches Diözesanmuseum, Foto Ansgar Hoffmann: 132, 133; Foto Noltenhaus: 131

Pulheim, Rheinisches Amt für Denkmalpflege: 42
Schleswig, Schleswig-Holsteinisches Landesmuseum: 115
Utrecht, Museum Het Catharijneconvent: 76
Vatikan, Biblioteca Apostolica Vaticana: 15
Wien, Kunsthistorisches Museum: 105
Wolfenbüttel, Herzog August Bibliothek: 9, 45, 46, 48, 51, 135
Wolfenbüttel, Niedersächsisches Landesverwaltungsamt, Institut für Denkmalpflege, Foto Bernd-Peter Keiser: 101, 103

Repro:

Der Sachsenspiegel in Bildern. Aus der Heidelberger Bilderhandschrift ausgewählt u. erläutert von Walter Koschorreck, Frankfurt a. M. 1976: 41
Eduard Duller, Die Geschichte des deutschen Volkes, völlig umgearbeitet von Dr. William Pierson,, Bd. I, Berlin 1866, bei S. 312: 142
Werner Flechsig, in: Die Kunst im Dritten Reich 3 (1993), S. 363: 147
Martin Gosebruch, Der Braunschweiger Dom und seine Bildwerke, Königstein im Taunus 1980: 63, 64
Ferdinand Güterbock, Die Gelnhäuser Urkunde und der Prozeß Heinrichs des Löwen, Hildesheim, Leipzig 1920 (Beilage): 40
Birgit Hahn-Woernle, Die Ebstorfer Weltkarte, Stuttgart o.J., Abb. 28, 2: 6, 7
Joachim Herrmann (Hg.), Die Slawen in Deutschland, Akademie-Verlag Berlin 1985: 137, 138
Hermann Hofmeister, Die Aufdeckung der Gruft Heinrichs des Löwen, Braunschweig 1936, Abschrift des von Prof. Dr. Hofmeister verfaßten Berichtes über die Aufdeckung der Gruft Heinrichs des Löwen im Dom zu Braunschweig im Sommer 1935, ohne Ort, ohne Jahr, Abb. 54: 73
Wilhelm Kottenrodt, Deutsche Führer und Meister, Geschichtliche Einzelbilder aus Gegenwart und Vergangenheit. Mit einem Anhang: Feinde und Verräter, Frankfurt a. M. 1937, Titelblatt: 148
Museum für Kunst und Kulturgeschichte der Hansestadt Lübeck (Hg.), Archäologie in Lübeck, Lübeck 1980, S. 24, Abb. 17: 94
Niedersachsen marschieren. Hg. Gauleitung NSDAP Südhannover-Braunschweig, Hannover o.J.: 146
Geschichtlicher Handatlas von Niedersachsen, Hg. Institut für Historische Landesforschung der Universität Göttingen, bearbeitet von Gudrun Pischke, Neumünster 1989, Tafel 18 von Gudrun Pischke: 19
Gerd Spies (Hg.), Der Braunschweiger Löwe (Braunschweiger Werkstücke 62), Braunschweig 1985, S. 35, 81, 153: 36, 37, 38
Johann Sporschil, Die Geschichte der Hohenstaufen, Bd. 1, 2. Aufl. Braunschweig 1848, bei S. 242: 18

Grafiken und Zeichnungen:

Hildesheim, Melanie Krilleke: 77, 82, 83, 84, 85, 86, 87, 89, 125-129
Hildesheim, Jürgen Petz: 3, 10, 25, 26, 31, 54, 55, 59, 60, 78, 80, 102, 104, 140, 141
Hildesheim, Jan Schönfelder: 11, 22, 43, 49, 52, 53, 56, 57, 58
Hildesheim, Kirsten Schönfelder: 1, 2, 13, 21, 44, 50, 61, 69, 70, 109, 111, 112, 116, 117, 134

HIEL/BBDO

Im Zeichen des Löwen.

Tradition und Fortschritt von MAN. Der Braunschweiger Burglöwe, Macht-Insignium Heinrichs des Löwen, Symbol für Herrschaft und Repräsentation der Welfen. Von dem Nutzfahrzeuge-Pionier Heinrich Büssing als Firmenzeichen übernommen für seine 1904 gegründete „Spezialfabrik für Motorlastwagen und Motoromnibusse". Seit Übernahme der Büssing Werke 1971 ist der Burglöwe das Markenzeichen der MAN Nutzfahrzeuge. In aller Welt bekannt für Lkw und Busse modernster Bauart. Sinnbild für „löwenstarke" Qualität und Technik. Typisch MAN.

MAN

Wirtschaftlichkeit ist unser Konzept

Notizen